私の愛した日本映画
四人の名匠〈下巻〉

小津安二郎 監督 溝口健二 監督

奥井 元生

Motoo Okui

文芸社

目次

第三章　小津安二郎監督（一九〇三〜六三年）　7
小津監督を偲《しの》ぶ――作品紹介の前に　9
①『東京の宿』（一九三五年）　26
②『一人息子』（一九三六年）　35
③『戸田家の兄妹《きょうだい》』（一九四一年）　47
④『風の中の牝鶏《めんどり》』（一九四八年）　66
⑤『晩春』（一九四九年）　80
⑥『麦秋《ばくしゅう》』（一九五一年）　101
⑦『東京物語』（一九五三年）　120
第四章　溝口健二監督（一八九八〜一九五六年）　145

溝口監督を偲ぶ――作品紹介の前に　147
①『山椒大夫《さんしょうだゆう》』（一九五四年）　162
②『新・平家物語』（一九五五年）　177
③『近松物語』（一九五四年）　189
④『浪華悲歌《なにわエレジー》』（一九三六年）　211
⑤『祇園《ぎおん》の姉妹』（一九三六年）　225
⑥『祇園囃子《ばやし》』（一九五三年）　238
⑦『西鶴一代女』（一九五二年）　250
⑧『雨月《うげつ》物語』（一九五三年）　266
終章　その他の名匠の作品から――もう一度見たい珠玉の一本　289
①『また逢《あ》う日まで』（一九五〇年、東宝作品）　292
②『この広い空のどこかに』（一九五四年、松竹作品）　293
③『潮騒《しおさい》』（一九五四年、東宝作品）　294

④『野菊《のぎく》の如《ごと》き君《きみ》なりき』(一九五五年、松竹作品) 295
⑤『警察日記』(一九五五年、日活作品) 298
⑥『血槍富士《ちやりふじ》』(一九五五年、東映作品) 299
⑦『女殺し油地獄』(一九五七年、東宝作品) 302
⑧『張込《はりこ》み』(一九五八年、松竹作品) 304
⑨『隠し砦《とりで》の三悪人』(一九五八年、東宝作品) 307
⑩『キューポラのある街』(一九六二年、日活作品) 309
⑪『その場所に女ありて』(一九六二年、東宝作品) 311
⑫『馬鹿まるだし』(一九六四年、松竹作品) 314
⑬『極道《ごくどう》』(一九六八年、東映作品) 318
⑭『わたしのグランパ』(二〇〇三年、「私のグランパ」製作委員会) 322
参考文献 325
あとがき 328

第三章　小津安二郎監督（一九〇三～六三年）

小津監督を偲《しの》ぶ――作品紹介の前に

若い時に最も心酔、私淑した小津作品……加齢とともに熱狂が冷める

私が尊敬、私淑した三人目の名匠、小津安二郎監督に移る。氏はかつて私が生涯の一時期、最も魅了され、心酔した監督さんであった。

それは三十代から四十代、つまり社会人として、また映画ファンとして私が一番元気で若い時代であった。そのせいもあって小著で紹介する四人の名匠の中で、私は氏の作品を一番多く見ている。

回数だけではない。現存する氏の作品のほとんどすべてを見た。トーキー（発声映画）はもちろん、今や映画館では見られぬ戦前のサイレント（無声映画）も数多く見た。

そこにはビデオの普及（松竹ホームビデオ・小津作品集、全三十本）という現代文明の恩恵があったことも付記する。

ちなみに言えば、氏と同様に戦前からの名匠であった成瀬監督や溝口監督の、そのサイレント作品に関してはビデオの販売も少なく、私はほとんど見ていない（溝口作品『滝の

白糸』だけは名画館で、例外的に見る機会を得たが）。残念なことである。

　そんな私が、世に多いと聞く小津ファンの人後に落ちぬ一人であったことはお解りいただけようかと思う。

　問題は、その小津ファンとしての私の晩年の変節である。五十代くらいを境目にして、私は小津作品の熱狂的なファンではなくなった。氏の晩年の作品のマンネリ化（とくに主題の行き詰まり）に食傷を感じ出し、それまでの感動が次第に減退し始めたのだ。

　その理由については後に改めて詳述したい。ここでは比喩的に一言触れるに止《とど》める。

　小著の〈上巻〉で紹介した成瀬巳喜男監督の場合と、それは好対照をなすことだ。若い時にはそれほど感銘を受けなかった成瀬作品が、五十代になって俄然、私の心を魅了し始めた。そのことはすでに述べた。小津作品はちょうどこの成瀬作品と逆のケースとして、今の私には存在する。

　歳《とし》を取ることが、私の小津作品への熱狂を冷ましたのだと思う。お蔭で私は今や小津氏の冷静なファンになれた、と言えなくもない。

　とはいえ小津監督や氏の作品が、私の生涯における四人の偉大な「名匠」、「恩師」の一人であったことにいささかの異論もない。氏を偲び、尊敬と感謝のオマージュを捧げることに私は何の躊躇《ちゅうちょ》もない。

　ただそこには、私の晩年の失望と不満の思いが若干併記されることは避けられない。しかし度量の広い小津氏のこと、素人のファンの生意気にも寛容に耳を傾けていただけるはずだと信じて、私は筆を進めることにする。

理想の家族を生涯追求……『麦秋』が象徴

そんなわけで、私の以下の紹介は、氏の作品の魅力（三点）と、失望・不満（二点）が相半ばすることをお断りしておく。

まず魅力その一。それは氏の傑作『麦秋』（一九五一年）に代表、象徴される。この作品こそ、かつての私を熱烈な小津ファンにした、今も私の一番好きな作品である。

小津監督の生涯の最大関心事、それは親子や家族の理想の追求、映像化にあった。この点は小津ファンなら誰しも異論のないところだと思われる。そしてその最高の開花・結実が、実は先の『麦秋』であった、と私は確信する。

この作品で氏は、こんなに恵まれた、こんなに幸福で仲の良い家族や親子、兄妹があるのか、と目を疑うほどの、それこそ理想の家族を描かれた。

その詳細は後の作品紹介に譲り、ここでは控える。ただ一点、私はこのような仲の良い、一家団欒《だんらん》の愉《たの》しい家族と縁がなかった。そのため私自身のその劣等感や一種の羨望が、この作品への異常な感動、憧《あこが》れの一因となったことは、否定できないと自認する。

一方で家族の亀裂や崩壊を描く小津作品

ところで小津作品には、「理想の家族の追求」とは程遠い、家族の確執（不和）や亀裂、崩壊などの不幸を描いた作品が、一方で少なからずある。

戦前の『戸田家の兄妹』『一人息子』、あるいは戦後の『風の中の牝鶏《めんどり》』『東京暮色』などで、これらの家族の姿は、先の『麦秋』とは天と地ほどの隔たりを持つ、暗く悲しい、そして痛ましい作品である。

私はこの相反する二つの家族像のあまりの相違に考えさせられてしまった。先に書いた小津監督の生涯の関心、「理想の家族の追求」とは一体何なのかと。

ヒントは、氏の最初のトーキー作品『一人息子』（一九三六年）にあったと、私は推測する。

この作品の冒頭で、氏は作家芥川龍之介氏の有名な箴言《しんげん》、「人生の悲劇の第一幕は親子となったことにはじまっている」（『侏儒の言葉』）を、なんとスクリーンいっぱいに大写しに引用された。このシーンは忘れられない。

親子は悲劇の始まり!? この格言自体にも私は当初衝撃を受けた。が、それより小津監督がこの言葉を引用された背景に、実は氏の後の作品を考える上での重要なヒント、暗示が秘められているのではないかと推測した。

以下も私の推論となる。実は小津監督には、現実の家族や親子というものへの深い不信、絶望があったのではないか。これが氏の作品に、先に題名を挙げたような不幸で哀しい家族が、しばしば描かれる一因だった。

また氏自身が生涯、自分の妻や子供、つまり家族を持たない独身生活を貫かれた理由もそこにあった。さらに臆測すれば、氏の鎌倉にある墓碑銘はただ一文字「無」であったことを想い起こす。その「無」が生前の氏の意志によるものか、私には解らない。しかし、いずれにしてもその無は「虚無」を意味していないだろうか。

ここに来て私の推論の結論は以下のようになる。家族の理想を描くことを生涯の使命とされた小津監督は、実は家族の不幸や悲劇を誰よりも知悉《ちしつ》する現実主義者《リアリスト》、つまり大人であった。しかし、氏はリアリストである以上に、実は家族が何よりお好きな家族愛至上主義者でもあった。

そこで氏は自分の理想とする（現実には存在し得ない）仲の良い、幸せな家族像をスクリーンに刻印しようと努められた。それは氏の夢の構築、映像化と言えた。先の『麦秋』などは、氏のその見果てぬ夢の見事な再現、成功例であった。

そういう意味で、氏は無類の理想主義者、夢を追い続けたロマンティストであった。そしてその作品は観客にとって、現実の家族の苦悩や不幸を忘れさせてくれる、何より恰好のカタルシス（心の浄化）の機能を果たした。そしてこの点にこそ小津ホームドラマ（家族劇）の、何よりの魅力、恩恵があった、と私は思う。

失業・貧困にあえぐ庶民を直視……リアリズム映画の先駆者

小津作品の魅力その二。それは小津監督のあまり知られていない功績、魅力である。私自身も氏の戦前のサイレント作品を見なかったら、おそらく気付かなかったであろう氏の貴重な功績である。

評論家岩崎昶《あきら》氏の以下の一文が参考になる。

「小津は日本映画のリアリズムの先駆者であり、いまの言葉でいえば『社会派』のさきがけであった」（参考文献⑩）

小津監督の初期の作品――とくに戦前のサイレント――を見るとびっくりさせられる。私は先のビデオ特集で、現存するサイレントの多く（十四本）を見ることができた。

そこに描かれるのは、昭和初期という大不景気の時代――教科書などでは昭和恐慌などとも記す――にあえぐ貧困者の群れである。失業者やその家族、あるいは卒業しても就職口のない学生たち。つまり前代未聞の不景気の襲来に、生活の道を絶たれた、明日なき不安に脅《おび》えるどん底の庶民の必死の日常の姿である。

それらのサイレントの中で、私が思わず息を呑むほどの感銘を受けたのは、後に作品紹介でも取り上げる『東京の宿』（一九三五年）である。この映画に私は小津監督のリアリズムの本領、先駆を見たと思った。

その詳細は作品紹介に譲るが、その代わり、異例のことだが、この作品を見て私が即座に連想した、イタリア映画の後のリアリズムの名作『自転車泥棒』（ビットリオ・デ・シーカ監督、一九四八年）の紹介に代替させていただく。実はこの二つの作品は偶然とはいえ実によく似ているのだ。『東京の宿』を見た時、この小津作品は、十三年後（戦後）の日本で公開された世界的名画『自転車泥棒』の先駆（日本版）ではないか、と一瞬目を疑った（とくに冒頭のシーン）。それほどよく似ているのだ。

主人公の男は共に失業者で、子供を連れて空《むな》しく歩き続ける。社会背景も失業者があふれる大不景気の時代で共通する。ただその結末だけははっきり違う。イタリア映画の方は厳しいリアリズムに徹して非情、何の救いもない。

日本版（小津作品）では、小津監督一流の人情悲劇となり、いささか甘い。いずれにせよ、まずそのイタリア映画の概略を、『東京の宿』の代わりにここでは紹介させていただく。

失業した男が息子を連れて、ローマの街中を必死に歩く

映画『自転車泥棒』は、第二次大戦後の荒廃したローマの街が舞台だ。失業した一人の男が息子を連れてローマの人混みの中を足を棒にして歩きまわる話だ。その目的は、盗まれた商売道具の自転車を捜すためだ（参考文献④）。この点は仕事を求めて歩きまわる日本版とは若干異なる。

失業中の彼は、職業安定所に通い続けて、やっとポスターを貼る仕事にありつけた。ところがある日、ポスターを貼る作業中に、仕事に欠かせぬ自転車を、通りがかりの泥棒にかっぱらわれてしまった。一瞬のスキをねらわれたのだ。

妻が苦労して質屋から受け出してくれた自転車である。そんな失態は彼女には言えず、翌日から男は息子（一人。ちなみに「日本版」では二人）を連れてひそかに自転車泥棒を捜しまわる。足を棒にして父と子は、それこそ一日中必死に捜しまわる。

しかし犯人や自分の自転車は見つからない。と、疲れ果て思案に暮れた男の心に、一瞬魔が差した。彼は息子に先に帰れと命じ、自分は放置されていた（一見そのように見えた）他人の自転車を盗んで逃げようとした。

しかし、たちまち持ち主が現れ、最後は追跡する群衆につかまり、袋叩《ふくろだた》きにあう。警察

へ連れて行かれそうになった、その時だった。

父親の態度を怪訝《けげん》に思い、心配して戻って来た息子が、オロオロ泣きながら、こづきまわされている父親にかけ寄った。それを見て盗まれた当人が、もういいから許してやれと言った。男はお蔭で警察につき出される恥辱だけは免れた。

しかし、人々が去ったあとで、父親は自分の醜態が息子に恥ずかしく涙を流している。幼い息子も泣いている。そして二人はじっと手を握りあったまま、夕闇の中を悄然《しょうぜん》と歩いて行く。その後ろ姿を映して映画は終わる。

救いなど微塵《みじん》もない厳しく哀しいリアリズム映画のラストシーンである。この名作に比べると、『東京の宿』のラストはいささか甘く、劣るという印象は否めない。しかし私が瞠目するのは、小津監督のその才能の先駆性である。

イタリアの名匠デ・シーカ監督の、この世界的にも有名な傑作に先立つこと十三年も以前に、氏はこの名作に酷似するリアリズム映画を作られていた。その事実の先駆性の意義に私は脱帽する。

ただ一点、惜しまれるのは、小津監督の「リアリズムの先駆者」としての先の面目や功績が、結局は長続きせず、戦後の（とくに晩年の）作品からはほとんど消滅してしまったことだ。

現実を直視した小津リアリズムは、何故《なぜ》か退行し、氏の好きな家族趣味を題材とした作品（娘の結婚など）に移行してしまったからだ。この点が、実は私の晩年の小津作品への失望、不満の一因となるのだが、それは改めて後述したい。

小津作品のユーモアは至芸……子供の悪戯《いたずら》を描かせたら天下一品

さて、小津作品の最後（三つ目）の魅力に移る。それは私自身がかねがね感心、共感していた氏の無類のユーモア好きである。実際、日本映画の中で、氏の作品ほど上質のユーモアや諧謔《かいぎゃく》に満ちた作品を私は他に知らない。

平たく言えば、氏の作品は（一部の例外を除き）どれも可笑《おか》しく愉しい。観客席からいつもクスクス笑いが絶えない。この軽妙洒脱《しゃだつ》なユーモアの面白さや笑いこそ、案外、氏の作品が多くのファンを長期にわたって獲得し続けた実は一番の理由だったのではあるまいか。笑いのある映画は疲れないからだ。

そのユーモア好きには色々の理由が推測される。もちろん氏個人の生来の気質、つまり無類のイタズラ好きやヤンチャ好き、あるいは江戸っ子らしい諧謔《かいぎゃく》趣味（氏は東京の下町深川の生まれ）が考えられる。

いやそれ以上に注目は、そのユーモア好きは、氏が監督になられた当時の、松竹蒲田の喜劇《コメディ》や笑劇《ファルス》重視の風潮の全盛期に拠《よ》るらしい（参考文献⑧）そのことである。氏は先輩監督から観客を面白可笑しく笑わせる喜劇や笑劇の必要、手法を徹底的にたたき込まれたようだ。この時の監督としての初期の訓練や経験が、後の「ユーモアを忘れぬ」小津監督という貴重な特質、美点を生んだらしい。

ここでは具体的に一つだけ触れる。小津作品で一番多く、また目立つユーモアと言えば、やはり子供たちのイタズラや反抗の可笑しさを描いたものであろう。実際、小津監督の子供を描く（扱うと言うべきか）、その巧《うま》さは天下一品。これに対抗できる監督と言えば、私は清水宏氏（『蜂の巣の子供たち』三部作）か、先の成瀬巳喜男氏（『おかあさん』など）くらいしか思い浮かばない。

ところで、小津作品で、子供の反抗を描いたものとして専門家が高く評価するのは、戦前のサイレント『生れてはみたけれど』（一九三二年）である。二人の男の子の兄弟が、会社で上司にペコペコする父親の情けない姿を知って、そのダラシなさを痛烈に批判する映画だ。

しかし私はこの作品を好きになれない。面白い作品だとは思った。しかし子供たち（兄弟）の父親批判に、そこまで子供は言うか？　と、大人（作者）の作為を感じ、その不自然さが不快だった。

小津作品で子供たちが秀逸に面白いのは、やはり『麦秋』に登場する二人の兄弟だろう。後の作品紹介では触れる余裕がないため、ここで一言触れる。

鎌倉の子供たちの家に、大和《やまと》（奈良県）に住むらしい一人の老人が遊びにやって来た。どうやら彼は同居するおじいちゃん（祖父）の実兄らしい。高齢のため耳が遠く、聞いたこともすぐ忘れてしまう、この老人（演ずるのは高堂国典氏）が飄々《ひょうひょう》とした人柄で秀逸に面白い。

彼は子供たちにとっては叔母さんの紀子（同居する父の妹で独身のＯＬ、この映画の主人公、演ずるのは原節子氏）に、「ノリコさん、いくつになられた？」と、顔を会わすたびに聞く。最初「二十八歳です」と生真面目《きまじめ》に応えていた彼女も、あまりに同じことを何度も聞くので、実は閉口、困惑してしまう。

この老人の奇癖に子供たちが注目し、悪戯《いたずら》を思いついた。兄（小学生）が弟（未就学）に一計を命じた。兄の命令には素直に忠実に従う弟（これも小津作品のギャグの常套《じょうとう》！）が、縁側の椅子でくつろぐ老人に近づき、突如「バカ」と叫ぶ。

しかし、耳の遠い老人の反応は鈍《にぶ》く、ただ微笑を返すのみ。すると兄が苛立って「もっとデッカイ声で言わなきゃダメじゃないか」と弟を叱る。弟はまた素直に従い、再度老人の近くまで行って「バカ！」と、先ほどより大きい声で叫ぶ。ところが今度も老人はニッコリ微笑《ほほえ》むだけで、聞こえた形跡はない。かくて兄弟のイタズラは見事に空振りに終わった。

それだけのシーンだ。しかし、観客席はほのぼのとした温かい笑いにつつまれる。誰にも記憶のある子供時代の無邪気な悪戯《いたずら》ではある。しかしそれが秀逸に可笑《おか》しい。

この兄弟の可笑しさは、実はこれ以外にも作品の随所に登場し、それがこの映画の魅力の重要な部分をなす。私はその一端に触れた。小津作品の持つ稀代の魅力、ユーモア性の一例である。

庶民の苦悩に背を向けた晩年の小津作品……リアリズムの放棄

小津映画の魅力紹介（三点）を終え、ここからは、冒頭でも予告した、小津作品に対する晩年の私の失望と不満に移る（二点）。

その一は、表題に記したように、晩年の小津作品が、ある時点から（戦後の作品『晩春』あたり）、ガラッと様変わりしたことだ。

それまでの貧しい庶民（失業者や苦学生、母子家庭など）の苦悩と悲哀の世界とは全く対極に位置する、経済的にも家庭的にも何不自由のない、庶民から見れば羨《うらや》ましいほどに恵まれた「有閑」階級の世界に、小津作品の舞台が一変してしまうのだ。具体的には、企業の重鎮に出世した余裕綽々《しゃくしゃく》の紳士たち、大学教授、医師など「上流」社会の人々の家庭、世界である。

貧者の世界から、この「富者」（厳密には上層中産階級の市民世界と言うべきか）のそれへの小津作品の一種の転向。私はこれを、氏のそれまでの魅力だったリアリズム志向の放棄、消滅と考え、大変残念に思う。

恵まれた上流社会の家庭を描くことそれ自体を私は不満に思うわけではない。人間の生きる苦悩を直視する、そのリアリストとしての小津監督の魅力が半減してしまった、そのことが私は哀《かな》しいのだ。何故なら、それらの恵まれた「有閑」階級の世界に、貧困や失業、あるいはそれゆえの親子や家族の葛藤《かっとう》、悲劇などまずあり得ない。あるとすれば、適齢期を迎えた娘の結婚問題くらいである。実際、転向後の小津作品の主題は、ほとんどこの問題の繰り返しと言って過言ではない。ここに私は小津作品の主題や、それを支える氏の哲学（世界観）の閉塞《へいそく》、貧困を感じずにはいられない。

有閑階級の世界にとりつかれた小津作品は、結局、現代に通じる普遍的な新たな主題を見出し得なかった。代わって氏が描いたのは、氏の好きな懐旧趣味の飽くなき繰り返し。それへの埋没と逃避であった。

小津ファンならご存知であろう。先の娘の結婚問題を肴《さかな》にして酒を酌《く》み交わす紳士たちの、高級料亭での歓談シーンの多さを。

それらは例によってユーモアに満ち、観客を飽かせない。私自身も当初は退屈しなかった。しかし何度も見るうちに食傷し、同時に氏の、過去を懐かしむだけの懐古趣味に異常、不信を覚え始めた。真の芸術家なら、「人間の真実」を描く、新たな普遍的主題を常に探究し、苦闘する。これが使命ではないか。私は氏の名匠の声望の裏に潜む、この氏の怠慢を黙視できなくなった。私の晩年の氏からの離反はこの点から始まったのだった。

氏の信条「家族至上主義」への違和感

二つ目の、晩年の私の不満と失望。これは小津作品へのそれと言うより、氏の作品の根底に一貫する氏の信条や思想への違和感である。そういう意味で、小津氏に言わせれば、それはお前の勝手じゃねえかと、一笑に付されても文句の言えない、私の身勝手な理由かも知れない。

しかし、一言釈明を許されるなら、氏の生涯ゆるがなかったその頑固な信条「家族至上主義」、「家族愛絶対主義」に、私は年を取るにつれ、自分の肌に合わないものを痛感し始めた。そしてその事実が、小津作品に対する私の若い時の熱狂や心酔を次第に冷まし、やがて晩年の私を「熱烈なファン」から退行させる一因になったことは否めない。

今、人生の終末を迎えて、私ははっきり断言できる。自分は巷《ちまた》で言う「家族第一主義」という考え方、つまり家族信仰の信者では決してなかったと。家族の存在や必要性は子供にも理解できる真実であり、私も異論はない。

しかし、だからと言って家族こそ人間が生きる最高の善、幸福であるとする考え方、生き方には私は反対である。家族以外に人間が追求すべき目標や理想はそれこそ無限大にあるはずだ。家族はせいぜいその選択肢の中の一事、一例にすぎない。

早い話が、家族を持たない人、家族の愛に恵まれなかった人など、家族と無縁に生きる、そんな人間はごまんといる。彼らはすべて不幸であるか？　否、家族などなくても胸を張って立派に生きている、そんな人間こそ大半であり、むしろ普通の姿ではないか、と私は考える。

この広い地球という名の人間世界。人間がそれぞれ自分の夢や希望を持って、その個性や能力を発揮して生きる道は、それこそ無限大にある。その中で家族という矮小《わいしょう》な対象にしか目がいかない人々に、私は正直魅力を感じないし、尊敬できない。もちろん不幸にして家族への献身を強いられた人々は、ここで言う対象ではない。

私はこれまで多くの人々と、盃をかたむけて歓談する機会を持った。そして解《わか》ったこと。それは自分の家族の話しか語る話題を持たない人々の退屈さである。大抵は自慢話か愚痴話の類の、実に狭く退屈、そして不毛な話題ばかりである。

小津作品の晩年の作品に、つまり家族愛一色のそのホームドラマ（家庭劇）に、先の不毛と退屈を感じたと言えば僭越《せんえつ》に過ぎるであろうか。氏自身も、作品の主題の旧態依然やマンネリズムは自覚されていたらしい。しかし結局は頑《かたく》なにその旧習を墨守《ぼくしゅ》された。

氏の有名な言葉を想い出す。

「豆腐屋は油揚げやがんもどきぐらいはつくれるが、トンカツはつくれない」（参考文献⑧）

これは氏の名匠としての自信と矜持《きょうじ》を豪語したものと、大方には受けとめられている。しかし私は違う。家族第一主義という旧弊な信仰を離れられず、ついに現代に通じる新たな普遍的なテーマを発見できなかった、氏の苦しい弁明、強弁《きょうべん》のように思えてならない。「トンカツ屋が何でえ！」と、江戸っ子らしく大見得を切って、新しい主題の開拓（トンカツを作る）に挑戦される氏の雄姿を見たかったと思う。

追記。私の家族至上主義への反対論に、この原稿執筆中、偶然に強い味方が現れた。『家族という病』というタイトルを持つベストセラーの出現だ（参考文献⑯）。著者（下重暁子氏）は、「家族ほどしんどいものはない」と、従来の日本人の持つ家族信仰、家族神話の――誰もがウスウス感じていても公言できなかった――その欺瞞《ぎまん》や偽善、つまりウソッパチを、一刀両断のもとに暴露、断罪された。

親子が殺し合うという地獄絵が日常化した今の日本において、家族は今や犯罪の温床と化した諸悪の根源にすぎない。とすら氏は説かれる。日本人の家族信仰への痛烈な警告の一書で、私はその主張にはほぼ全面的に共感を覚えた。冥界の小津監督が読まれたら、どのような感慨を持たれたことであろうか。私は興味深く思った。

（完）

①『東京の宿』（一九三五年）

私が最も衝撃を受けたサイレント作品

小津監督の作品紹介に入る。まずは氏の初期（戦前）のサイレントから一本を選ぶ。私が最も衝撃を受けたのはこの『東京の宿』である。

この作品については先の序論「小津監督を偲ぶ」でも若干触れた。氏の初期の功績――リアリズム映画の先駆者――を象徴する社会派・人情作品であること。またリアリズムの本場、イタリアの名作『自転車泥棒』に先行する画期的な作品であること、などを。そのため早速、物語の紹介に入る。

失業した父親が二人の息子を連れて、職探しのためトボトボ歩く

冒頭のシーンが素晴らしい。感情や思想を一切拒否した、その記録映画を思わせるリアリズム描写が圧巻だ。私がこのサイレント映画に魅せられたのも、この冒頭のシーンに尽

きると言って過言ではない。それほど印象に残った名シーンだ。

東京の下町の工場地帯らしい。真夏の陽光の照りつける、人気のない荒涼とした砂漠のような工場街を、一人の男と二人の子供が重い足取りでトボトボと歩いて行く。

男は、妻に逃げられた寡夫《かふ》（男やもめ）で、目下失業中の、この作品の主人公喜八《きはち》（坂本武、元旋盤工）である。二人の子供は彼の息子で善公と正公の兄弟。

彼らは今日も、失意の父親——工場の守衛に求人はないとすげなく門前払いされた——の後を空しくついて来た。腹も空き、持ち金も残り乏しい。今夜のねぐらも心配だ。

そんなどん底の親子三人が、言葉をかわす元気もなく、ただ悄然《しょうぜん》と歩いて行く。これがこの映画の冒頭のシーンだ。そしてカメラがこの親子三人の姿を、まるで記録映画のような冷たさと非情さで、前後左右から忠実に、執拗に映し出す。

この単調な無言劇のようなシーンに、当時の日本の惨状（昭和恐慌による失業と貧困）、そして追い詰められた庶民の困窮と悲哀が見事に暗示されている。これこそリアリズムの本領、真髄だと、私はいたく胸を打たれ、瞠目した。

実はこのシーン（父子三人が歩き続ける）、そのスチール写真をぜひ紹介したいと思った。しかし入手できなかった。残念でならない。

ところで日本映画で初めて見た、このリアリズム演出に私が衝撃を受け、即座にこれはあの名画『自転車泥棒』の先駆けではないかと感極まったことは、先に書いた。

ちなみに、この親子三人が歩き続けるだけのシーンで、事件らしい出来事と言えば、野良犬が一匹現れたことだけだ。子供たちは敏感に反応し、これをただちに追いかけ回した。そしてついに捕まえたらしい（その実事は映さない）。

「狂犬病予防デー」と書かれた街頭のポスターを映画はさりげなく映すことで、子供たちはどうやら野犬一匹が四十銭になるらしいことを、先刻知っていたようだ。子供なりの生きる知恵を暗示したこのエピソードも、当時の時代の酷薄さをうかがわせ、リアリズム演出の効果を盛り上げたと、私は感心した。

その夜、彼ら三人は、その残り乏しい有り金をはたいて、木賃宿に泊まることにした。その代わり空腹の方は我慢しなければならなかった。以上が、この『東京の宿』で、私が最も注目した小津リアリズムの光る、冒頭の名シーンであった。

似たような境遇の母親と娘の二人連れ

木賃宿で一泊した喜八一家は、翌日も職探しのトボトボ歩きだ。そして案の定仕事は見つからない。工場街の空き地の原っぱで休息する三人の傍らを、昨夜木賃宿で見かけた母と娘らしい二人連れが通りかかった。どうやら喜八らと似たような境遇に見えたが、その時は喜八は黙って見送った。

ところがその夜泊まった木賃宿に、また彼女らもやって来た。すると子供たちはすぐ仲良しになった。ここからこの作品のささやかな物語（ドラマ）が始まる。子供たちの縁で、喜八はその母親がおたか（岡田嘉子）、女の子は娘の君子であることを知った。そしてこの後、映画は喜八一家とおたか一家の奇妙な交流の物語へと発展する。

その前に、どん底の喜八一家に突如、運命の神様が微笑《ほほえ》んだ幸運について触れねばならない。その日も喜八一家は、職探しの徒労に疲れ果てていた。仕事は見つからず、一膳飯屋で有り金をはたいた彼らは、今夜は宿賃がないため、野宿でもするかと、飯屋の軒下で雨宿りをしながら思案に暮れていた。

とその時、僥倖《ぎょうこう》が訪れた。喜八は偶然、昔なじみの「かあやん」ことおつね（飯田蝶子）と出会ったのだ。人の好い親切なおつねは、この旧知の男の難儀を聞いて黙視できず、救いの手を差し伸べた。

お蔭で喜八一家はおつねの家に泊めてもらい、あろうことか彼女の世話で、喜八はやがて仕事にもありつく幸運を得た。こうして喜八が朝仕事に出ると、子供たちもかあやんの家から学校に通えるようになった。喜八一家は何とか一息つくことができたのだ。

問題は、喜八の底なしの人の好さと、そして変わらぬ女癖の悪さである。原っぱでまだ職のないおたか母娘を発見した彼は、今度は二人のことを放っておけない。連れ帰って、図々しくもまたおつねに世話を頼む始末だった。

おつねはさすがに呆《あき》れて、露骨に迷惑顔を隠さない。しかし喜八の人を食ったような、その無神経だが子供のような人の好さを見ると、この喜八に輪をかけた好人物のおつねも結局断り切れず、しぶしぶ引き受ける破目となる。おたかがこの二人の親切に、感謝、恐縮したのは当然だった。

ところで、この常識では考えられぬ好人物の二人の男女（喜八とかあやん）の物語は、小津作品の中で〝喜八もの〟と呼ばれ、一時期シリーズをなしたらしい（全四本）。職業は色々だが、いずれも教養や学歴はないが、人が好くて親切な庶民そのもののような男、喜八を主人公とする一種の人情ドラマである（参考文献⑧）。

小津監督が一時期、このように貧しいが底抜けに人の好い、無教養な庶民の世界を好んで題材にされた事実は注目に値する。何故なら後に氏はそのような貧しい下層庶民の世界と訣別《けつべつ》して、裕福で知的な上層市民の世界を描くことに転向されたからだ。この氏の関心の推移についてはファンなら興味を持つところだ。

この点については、小津監督と「交遊四十年」と自認される、シナリオライター野田高《こう》梧《ご》氏の影響が大きかったらしい。が、今は措《お》いて、後の作品紹介（『晩春』）で触れたい。

おたか母娘《おやこ》の苦境を救う喜八の善意と、その無謀

映画はラストの異変に移る。おたか母娘が突然、おつねの家から姿を消した。これが発端だった。喜八の心配、失望は尋常ではない。もともと女には目がない彼のこと、おたか一家への親切に、彼の彼女へのひそかな恋情が秘められていたとしても少しも不思議ではない。

「東京の宿」　©松竹株式会社

　ところが居酒屋でヤケ酒をあおっている喜八の前に、なんと当のおたかが酒を持って現れたではないか。喜八は酌婦になったおたかを見て驚いた。何でこんな処《ところ》で働いているのかと、即座に叱責した。彼女は娘が病気になり入院したこと、その治療費がないためやむなくこうしていると涙ながらに訴えた。これには喜八もさすがに返す言葉がなかった。

　しかし、喜八は病室に君子を見舞いに行った。そして、その金は自分が何とかするから、そばにいてやれとおたかに大見得を切った。彼の精一杯の侠気《おとこぎ》であっ

たか。しかし喜八には何の当てもない。帰っておつねにまた借金を申し込むが、さすがに彼女は断った。喜八のあまりの虫の良さに愛想をつかしたのだ。どうせまた女癖の悪さが今度はおたかに向かったのだろうと、おつねは見抜いていた。

喜八は思案に暮れた。居酒屋でコップ酒を一気にあおると、意を決したように彼は夜の巷《ちまた》に出て行った。このあとの彼の行動は、映画は暗示的にしか映さない。しかし観客は十分に推測できた。金のない失業者が、夜の街に出て大金を手にする手段と言えば、闖入《ちんにゅう》者の空き巣狙い、あるいは押し込み強盗くらいか。

その犯罪に成功したらしい喜八は、帰って来ると息子の善公を起こし、その紙包み（盗んで来た金）を病院にいるおたかに届けさせた。そして自分はまたおつねに甘え、後の始末を頼むのだった。

自分はこれから警察に自首する。二人の子供をしばらく預かって面倒を見てほしいと。おつねは、喜八の相も変わらぬ独り善がりの振る舞いに呆れた。しかし、この異常に人の好いかあやんは、二度ならず三度までも、なんと喜八のその無茶な願いを引き受けてやるのだった。

そして喜八の悄然として自首しに行く後ろ姿を、彼女は涙を浮かべて、男の姿が夜の闇に消えるまで、じっと見送ってやるのだった。これがこの映画のラストシーンとなる。

庶民が犯罪に走る小津リアリズムの常套と安易

最後に、この映画の結末について一考する。ここに小津監督の庶民（失業者など貧者）を見つめる視点が凝縮、象徴されているように思えてならないからだ。

氏は別のサイレント映画でも同じような結末を描かれる。病気の子供の治療費を工面するため、銀行強盗に走る男がそれだ（『その夜の妻』）。彼も最後は潔く刑事のお縄になる「確信犯」である。

どうやら、八方塞《ふさ》がりの窮地に陥った貧者が、そのどん底を脱出する道は、小津作品では、結局は法を犯し警察の厄介《やっかい》となる確信犯の道を覚悟すること、それ以外にないようだ。

その選択肢は十分にあり得るとしても、私はいささか安易で図式的に過ぎないかと、不満である。ここに庶民を直視する小津リアリズムの甘さ、軽さを感じてしまうのは、私の偏見であろうか。罪を犯して警察に自首する。それはヤクザ映画の安直さと変わらない。

例えば先に紹介した名作『自転車泥棒』とのあまりの相違を私は意識する。主人公は自転車を盗んで、警察につき出されかけた。しかし群衆の計らいでその汚名を免れると、安《あん》堵《ど》してその恥辱に（子供と共に）むせび泣いた。

私はこれの方がずっと自然だと思った。しかもである。自転車を失った主人公の不幸の前途は依然として真っ暗、絶望的ですらある。この全く救いのないデ・シーカ監督の結末こそ、厳しいが、まさにそれゆえにリアリズムの本領ではなかったか。

さらに私は先の成瀬監督のリアリズムを想起せずにはいられない。かつて「小津は二人は要らない」と松竹蒲田を追われた成瀬氏（小著〈上巻〉で既述）との、その庶民を描く視点のあまりの相違である。

成瀬氏の描く貧しい庶民は、決して犯罪に走らない。貧乏を脱する道があるとしてあくまで健気《けなげ》に努力する人々（例えば未亡人）ばかりである。そこには、犯罪や警察を覚悟せずとも、何とか生きてゆける道があるという、氏の貧者や人間そのものに対する深い信頼、愛情が感じられる。この両者の差は決定的に大きいと私は考える。

いずれにしてもこの『東京の宿』のリアリズムは、先にも書いたように冒頭のシーンは実に秀逸だった。しかし、そのラストは尻すぼまりで、安手の人情話の感が拭《ぬぐ》えず、私は正直、物足りなかったことを付記させていただく。

（完）

②『一人息子』（一九三六年）

母は息子の将来に期待して生きたが……小津リアリズム最初の開花

小津監督の最初のトーキー作品（発声映画）である。サイレント（無声映画）時代からすでにその萌芽《ほうが》が見られた氏のリアリズム志向は、このトーキー作品で初めて開花した。ちなみに氏のリアリズム映画の傑作として私が挙げたい作品は三本ある。この『一人息子』と次項の『戸田家の兄妹』（いずれも戦前の作品）、そして戦後のあまりにも有名な傑作『東京物語』である。

しかし私は、小津監督自ら「失敗作」と公言される『風の中の牝鶏《めんどり》』にも捨てがたい魅力を感じた。そのため傑作ではないが瑕瑾《かきん》を持つ作品としてこれをも含め、都合四本のリアリズム作品を紹介したい。

さて『一人息子』に入る。この作品は表題にも暗示したが、大正末期から昭和初期にかけての、日本の貧しい家庭の親子、中でも母親と一人息子の悲しい亀裂の物語である。

母親は息子の出世を願い、身を粉《こ》にして働く。息子も母の期待や苦労に応えようと、自分の夢に向かって鋭意努力する。しかし現実は厳しい。双方の期待と夢は無惨に破綻《はたん》した。映画はこの母子《おやこ》の厳しくも哀しい現実を、感傷を排した静かなリアリズム手法で描く。

氏の戦前のトーキー作品の中で、今も私の好きな双璧をなす一本である（ちなみにもう一本は次項の『戸田家の兄妹』）。

一つ私事（失敗談）を許されたい。私は若い時、この傑作を今は亡き母に見せたいと思い、張り切って千日前（大阪市難波）の劇場に案内した。当時、小津作品に心酔していた私（四十代）は、この傑作を母もきっと感動してくれるものと期待して誘ったのだ。だが、母は意外にも冷めた表情で、結局感激の言葉を口にすることはなかった。一緒に息子と映画を観た私の好意は喜んでくれたようだったが。

私はその時拍子抜けがした。が今思えば、私の配慮が足らなかったのだ。一人の女性として気難しい夫（故人）に仕え、貧窮の中で必死に子供を育て、人生の苦労、辛酸をなめつくして来た彼女にとって、この映画のような暗く悲しい物語はもうたくさんだったのかも知れない。もっと明るく愉しい映画を、私は選ぶべきだったのだ。私は自らの若気、無知を恥じた。

かくて生涯でただ一度の、母と一緒に映画を見た貴重な思い出は、今もホロ苦いものとして私の心の中に残る。

実はこんな私事を披露したのは、この映画の中の息子が、先の私と同じような体験をするシーンがあったからだ（後述）。いつの時代も息子の母親への気遣いは少しズレている。思わず私は苦笑させられたのであった。

「お前、やっぱり中学へ行くだよ」……女手一つの母親の意地と決断

物語に移る。大正末期の信州の田舎が舞台。冒頭、フォスターの名曲「オールド・ブラック・ジョー」の美しく、どこか哀調を帯びた旋律が、この作品のすべてを暗示して秀逸、心にしみる。

小学校の優等生で級長をしていた野々宮良助（少年時代は葉山正雄）は、母一人子一人の貧しい家庭で、とても進学できる状況ではなかった。しかし先生（笠《りゅう》智衆《ちしゅう》）がクラスのみんなに、上級学校に進む者は手をあげなさい、と言った時、彼はつい手をあげてしまった。

製糸工場で働いている母親のつね（飯田蝶子《ちょうこ》）はこれを知り、一時は良助を叱りつけたが、考え直し、結局彼の夢をかなえてやりたいと一大決心をする。その時の母親つねの言葉を紹介しておこう（参考文献⑧）。

……………

お前やっぱり中学へ行くだよ。他の子が四人も中学校へ行くに級長のお前が行かねえじ

ゃ、かあやんだって面白うねえからなあ。われも中学校へ行くだ——その上の学校だって行くんだ。そんでウンと勉強するだ、そんで偉くなるだ——わんだれさえ偉くなったら死んだとうちゃんだってきっと喜んでくれるだし、われの勉強のためだったら、かあやんはどねえになったって構やしねえだ——なあ家のことなんか考えんでうんとうんと勉強するだ。なあ、中学校へ行くだ……。

………………

こうして母は家を売り、土地を売り、自分は製糸工場の雑役婦となって住み込み、一生懸命に働く。そしてついに息子を中学から大学まで卒業させたのである。

「おっ母さん、がっかりしてるんじゃない？」……息子は夜学の教師

年号も昭和に変わった数年後、母つねは大きな期待に胸をふくらませて上京した。息子ももう二十七歳になったはずだ。東京で市役所勤めをして立派にやっていると聞いた、その息子、良助（青年時代は日守新一）を訪ねて出て来たのだった。

ところが、就職難時代に大学を出た良助は、やっとありついた夜学（夜間中学）の教師で細々と暮らしていた。いつの間に結婚したのか妻の杉子（坪内美子）との間に生まれたばかりの赤ん坊もいた。小さい家、狭い部屋、世帯じみた息子につねはがっかりする。し

かし初めて会った嫁もいることだし、その気持ちは表情には出さなかった。

良助はその母の気持ちを察してはいるが、それでも表面はにこにこしながら、母を一生懸命にもてなした。彼の昔の恩師で、かつてつねに息子の中学進学をしきりにすすめたあの大久保先生（笠智衆）の一家へ案内したのもその一つだ。先生も今や零落の身で、場末のしがないトンカツ屋の主人。この家も子供が多く生活は苦しそうだ。

「一人息子」　©松竹株式会社

東京見物では、母は浅草の観音さんの大きな提灯にびっくりした。場末の映画館では息子がこれが流行のトーキー映画だと説明するが、母は居眠りを始める。ちなみに、この眠ってしまった母親のシーンこそ、冒頭で書いた私事（母への後悔談）と重なり、私を苦笑させたものである。
余談になるが、この時の劇中映画のシーンは異例の長さで、小津監督の熱の入った紹介ぶりに私は驚かされた。それもそのはず、この映画は当時、日本で公開されて間もない、話題の外国映画『未完成交響楽』（ウィリー・フォルスト監督、オーストリア映画、一九三三年）であった（参考文献④⑤）。

無名時代の音楽家シューベルトと美しい伯爵令嬢カロリーヌが、恋を語り合うシーンであった。彼女の美しい容貌《ようぼう》と容姿に観客は目を釘付けにされ、二人の交わすドイツ語らしいセリフが館内にひびき渡った。劇中映画にはもったいないほどの衝撃と感興があって、私はこの往年の名画をぜひ見てみたいと思い、後にビデオを買って観た。さすがに映画史に残る名作だといたく感動した。小津監督の熱意と配慮に感謝したい。

話を戻す。良助が母を喜ばせるため準備した金（夜学の同僚から借りた）もそろそろ底をついてきた。映画はこのあたりから、親と子が初めて真剣に向き合うクライマックスシーンへと向かう。二つのシーンが圧巻だ。

最初は、荒涼としてまるで人気のない荒川放水路の埋め立て地を二人が散歩するシーン。冷たい風が吹きすさぶ中、二人は草むらに腰を下ろす。良助がさりげなく呟《つぶや》くように言う。自分がこんなに貧しく甲斐性がなくて、おっ母さんはさぞかしがっかりしただろうと。

母はその言葉に内心は不満を感じながらも、この時はただ押し黙って淋しそうな顔をしている。ヒバリが鳴いていますね、と息子が空を仰げば、母も仕方なしに空を見上げる。そんな当たり障《さわ》りのない言葉と母親の沈黙が象徴するように、この埋め立て地の静かなシーンはもどかしく、嵐の前の静けさを予感させて印象に残る。観客も私も固唾《かたず》を呑んで見守るところだ。

「思うようにいかずか！　その性根《しょうね》がいけねえだし」……母の叱責

そして圧巻の二つ目のシーン。その日の夜、眠れぬ母つねとそれに気付いた良助が起きてきて、火鉢をはさんで二人は向き合う。眠っていた嫁の杉子も二人の話し声に気付き体を起こす。二人の言い分は、先の佐藤忠男氏の著書より拝借する（参考文献⑧）。

……………

「ねえ、おッ母さん、おッ母さん矢張りがっかりしてるんでしょう。でも僕はやれる丈《だけ》の事はやったですよ。おッ母さんに苦労かけてる事が随分僕の励みになったんです。でも東京じゃ夜学の先生になるのさえ漸《ようや》くの事だったんですよ――」

「そりゃ僕だってこのまま、夜学の先生で満足してる訳じゃないんですけど、これから先でも何になれるかてんで見当がつかないんですよ」

するとつねが顔を上げて、静かに本音を呟き始める。

「そうかな」、「けんどお前まだ若えんだもん、そうあっさり諦《あきら》めてしまうことあねえじゃねえしか」

良助が頭を振り、つねの言葉を遮《さえぎ》って言う。

「いや諦めちゃ居ませんよ、やれる丈の事はやったんです――でもこの人の多い東京じゃいくらもがいたって仕様がないんです」

おつねはまじまじと良助を見てついに反論に出る。

「そう仕様がねえって決めちゃうこたねえだよ。私だってこの年になるまじゃあ一遍だって仕様がねえって諦めたことなんかねえだよ」

「お前そう東京東京って云うけんど東京で出世した人だってうんといるじゃねえしか。お前だって出世してえばっかしに、東京へ出て来たんじゃねえしか」

「そりゃそうですよ。でもそう思うようにいかないのが——」

「思うようにいかずか！　そのしょうね（性根）がいけねえだし。かあちゃんにしてみりゃそうお前にあっさり諦めて貰いたくねえだよ。かあちゃんがこの年になるまで働いて来たのも、お前の出世がたのしみだったからだし、このたのしみがあっただから働き甲斐もあっただし——生き甲斐だってあっただしなあ——それをお前のようにそんなしょうねじゃなあ」


…………………

こうして母親つねは、初めて気丈に、一人息子良助の性根の無さを叱った。暗にもっと努力しろと励ましたのである。そこには女手一つで子供を育ててきた彼女の苦難の人生があった。自分の苦労に比べたら、息子のそれなどまだまだ物足りない。それだけにこの毅《き》然《ぜん》とした強い母親の言葉は説得力を持つ。

しかし彼女も人の子、まして夫に先立たれた寡婦である。女手一つで堪えてきたそれまでの苦労や愚痴を隠さない。田舎にはもう家も畑もなく、自分は工場の住み込みの雑役婦として露命をつなぐ、その窮状を、涙ぐみながら打ち明ける。隣の部屋で聞いていた嫁の杉子も思わず両手で顔をおおいながら、もらい泣きをする。親子の確執、亀裂は深刻である。

「お前のような倅《せがれ》を持って鼻が高かっただ」……誉《ほ》めて帰る母

心優しい杉子は、姑《しゅうとめ》の苦労を知り、自分の着物を質入れして二十円の金を工面した。これでまたみんなで東京見物でもして、最後にもう一度、この年老いた義母を慰めたいと思ったようだ。

ところがみんなで出かけようとした時、思わぬ事故が起きた。懇意にしている近所のおたか（吉川満子）の息子富坊が、空き地につながれていた馬に蹴られて大怪我をし、病院に運ばれて行った。息子の入院に動転するおたか。

と、良助はためらうことなく、先の二十円を彼女に貸してやった。おたかは涙ぐんで喜び、何度も感謝して、良助の好意を受けた。

つねはこの良助の対応に目を瞠《みは》った。良助と杉子が事情を話して東京見物の中止を詫《わ》びた。すると母は笑顔で首をふり、息子夫婦の行為を喜んだ。貧乏していると人様の情けがどんなに有り難いものか、とつねはしみじみわが事のように感激し、息子夫婦のとっさの機転と親切を誉《ほ》めてやるのだった。以下のように……。

「かあさんはなあ、お前のような倅《せがれ》をもって、今日は本当に鼻が高かっただよ」と。そしてさらに、「事によるとお前も金持ちになれなかったんがよかったかも知れねえだ」と、自分自身に言い聞かせるように呟くのだった。

この時の母を演じた飯田蝶子氏は、先に紹介した『東京の宿』の「かあやん」のように、苦労した庶民だけが持つ人間の心の寛《ひろ》さ、思いやりの深さを演じて秀逸であった。

こうしてつねは、息子一家の心づくしや、彼らの近所の人々への思いやりの温かさに、ひそかに母親としての満足や幸福を見出し、晴れ晴れとした気持ちで田舎へ帰って行った。と息子夫婦には少なくともそのように映《うつ》った。

息子と母親それぞれの思惑を暗示する、ラストシーン

母の帰郷を見送って、良助夫婦は家に帰ってきた。と二人は、鏡台の上に母の置き手紙を発見した。それには三十円がはさんであり、「これで孫に何か買ってやってください」と書かれていた。

良助は老母の心遣いを思い、寝かせつけた子供の無心な顔を見つめながら、しばし考えこんだ。やがて突然キッと顔を上げると、妻の方を見て言う。自分はもう一度、中学教師の検定試験に挑戦してみると。

その表情は、この作品の中で良助が初めて見せた男らしい厳しいそれであった。彼は母が言った彼の「性根」の足りなさを反省し、今一度チャレンジしてみようと奮い立ったのだ。

「一人息子」　©松竹株式会社

ちなみに、この良助を演じた日守新一氏も適役、好演であった。氏は善良で心優しい、そして折り目正しい「弱者」を演じたら天下一品の俳優さんだ。この作品でも心優しい、しかしいささか覇気に欠ける孝行息子を演じて出色であった。

一方、製糸工場の雑役婦に戻ったつねは……。早速同僚の女たちから東京の土産話をせがまれた。彼女はつとめて明るく、満足と仕合わせの母親を演じた。しかし一人で工場の外に水樋を持って出た時、彼女の足取りは重く、やがて悄然と座りこんでしまった。

その表情は重く暗い。息子と和解は装った。しかし、ずっと隠してきた内心の失望と不満がここにきて一挙に噴き出した感がある。

その失意と孤独の老母を、再びあの「オールド・ブラック・ジョー」の哀調のメロディーが包む。そして映画はエンドマーク。親子となったことが人生の悲劇の始まり。この映画の冒頭のあの芥川龍之介氏の言葉がふと甦《よみがえ》る。人生は重く哀しい、そして寂しい。とそのラストシーンは告げている。

（完）

③『戸田家の兄妹《きょうだい》』（一九四一年）

戦時中の小津リアリズムの最高傑作……軍国主義に迎合せぬ氏の真骨頂

「戸田家の兄妹」　©松竹株式会社

戦前の小津監督のトーキー作品よりもう一本選ぶ。この『戸田家の兄妹』がそれで、実は私の大好きな、氏のリアリズム映画の最高峰をなす。

そこで内容紹介に移る前に、その「最高峰」作品の魅力や特徴について、前置き的にいくつか点描させていただく。

その一。内容（＝物語）や主題の衝撃性である。氏はこの作品で初めて家族の解体（＝崩壊）という重い主題を直視、作品化された。家族という存在が本来内包する「負」の側面に、初めて正面から挑戦された、と言い換えてもよい。家族とはなんと残酷で冷たいものか。そしてなんと哀しいものか。

こんな衝撃的な主題は後の『東京物語』（一九五三年）を除いて他になかったと私は記憶する。家族や親子の理想の姿を追求する小津作品において、この家族の秘める闇《やみ》の部分の剔出《てきしゅつ》は不可避の道程だったのかと私は推測する。しかし、それにしてもこの家族の悲劇は、異例で衝撃だった。

その二。作品の題名にもあるこの家族（戸田家）の「兄妹」愛の美しさである。当主（父親）亡き後の戸田家の内紛は、すべて兄や姉妹のそれまで表面化しなかった利害や打算、つまりは利己主義《エゴイズム》の噴出に起因する。彼らのむき出しのエゴイズムは目を覆《おお》いたくなる惨状を呈す（詳細は作品紹介で）。

それだけに、次男（佐分利信）と三女（高峰三枝子）の兄妹が見せる信頼と友情、つまりは仲の良い「兄妹愛」は、この映画の白眉《はくび》の華《はな》であり、また救いであった。

中でも妹を演じた若き日の高峰三枝子氏の、その純真で可憐《かれん》、清楚《せいそ》な美しさは、出色であった。

その三。当時の軍国主義（＝戦争賛美）に微塵も迎合せぬ小津監督の良識と勇気に脱帽した。

この作品は、戦時中二度出征された小津氏が、その一回目の出征（中国戦線、約二年間）から無事帰還後、最初に撮られた氏の第一作である。つまり軍国主義真っただ中の作品であった。脚本の事前検閲が制度化されるなど、映画に対しても国家権力の統制や干渉が日々厳しくなった、その時代の作品である。

ところがこの映画には、当時の軍国主義（＝戦争賛美）の風潮への追従、迎合の気配は微塵もない。私は稀有《けう》の快挙だと瞠目し脱帽した。巷《ちまた》には戦意高揚や戦争賛美に迎合する映画や音楽、文学があふれていた時代だけにである。

その四。この作品は、小津監督が珍しく「気に入った作品」と自ら回想、公言される一本である。つまり氏にとって満足な会心の作品ということらしい。氏は以下のように回想される。

「撮影中たのしんだ写真というものは出来栄えには関係なく好きになるもんだが、その意味じゃ『戸田家』は気に入った作品と言えるだろう。佐分利（信）、高峰（三枝子）もはじめてでね。当時としては絢爛《けんらん》たるスター陣だった。そのせいかな、今まで小津作品は当たらんという定評を破って、まあ大入りだったたんだね。やっとこの時からかな、入るようになったのは？」（参考文献⑨）

この小津監督の回想を裏付けるかのように、この作品に対する専門家の評価は高かった（キネマ旬報ベストテン一位）。また氏の発言にもあったが、この作品は興行的にも大ヒットした作品であったらしい。私は自分自身の感想（「最高傑作」）が、それらの回想や評価に合致していて嬉《うれ》しく思った。

富豪の父親が死んだ……居場所がなくなった母親と娘の流浪の物語

作品紹介に入る。戸田家という富豪の一家の支柱であった父親が、心臓の病で突如急逝した。物語はそこから始まる。遺産を整理してみると意外に借金が多く、一家は家屋敷を手放さなければならなくなった。そのため屋敷に居住している母親（葛城文子）と未婚の三女（末娘）の節子（高峰三枝子）の処遇が問題となった。当然誰かが引き取らなければならない。こうして母と娘がタライ回しされる、二人の流浪の運命が始まった。

まず、生活に余裕のある長男（斎藤達男）が立場上もあって、二人を引き受けたのは当然であったか。しかし二人を迎えるこの一家の空気は極めて冷たい。中でも嫁の和子（三宅邦子）は血縁でないこともあって、露骨に迷惑の表情を隠さない。何かにつけて底意地の悪い、とげとげしい小言で、義母と義妹に辛《つら》く当たる。今風に言えば典型的ないじめだ。

深夜にピアノを弾く嫂《あによめ》のいやがらせ……二人の女優の迫真の対決

この長男の家のエピソードは、嫂《あによめ》和子の、義母や義妹に対する徹底した高慢で無慈悲な仕打ちの物語に終始する。ある日、彼女は自分の親友が家に集まるからと二人に外出を促す。邪魔になるからどこかへ行っててくれ、と言わんばかりの高飛車な物言いだ。それでも二人は黙って従い、外出をする。

お母様、どちらにいらっしゃる？　お前は？　と母と娘はつとめて明るい表情で肩を並べて家を出る。その二人の後ろ姿をカメラが追う。一抹の寂寥《せきりょう》感がただよう哀しいシーンだ。

その夜、二人は気を利かせて少し遅めに帰って来た。しかし客の女性群は長尻でまだいた。台所で静かに待機する二人。やがて客を送り出した和子が二人に気付くと早速の小言だ。あら帰っていたの、それだったらどうしてお客様にご挨拶しないの？　母は静かに、お邪魔をしてはいけないかと思い遠慮したと正直に弁解した。しかし和子は最初から聞く耳など持たず、いつもの難癖を一くさり義母にあびせるとプイと去って行く。母娘《おやこ》にはもう馴れっこになった嫂の高慢で冷酷なイヤガラセであった。

私が紹介したいのは、その直後の和子と節子の対決のエピソードである。二階の自分たちの部屋に戻ってホッとした母娘に、またまた思いもせぬ災難が襲う。今日はお母様も（思わぬ外出で）お疲れだったでしょうと、節子は母をいたわり、床をとって二人は寝ようとした。その時であった。なんと階下からこの深夜にピアノの音が聞こえてきた。二人はそれが気になって当然のことながら寝つけない。

節子が意を決して、お義姉《ねえ》様に止《や》めていただくよう言ってきましょうかと母に相談する。

母は諦めた風で、いいよと娘を制止する。だが若い節子はさすがに勇敢だ。腹に据えかねた風で、毅然として階段を降り、ピアノの音のする部屋の前に立った。そしてピアノを止めていただけないかと、穏やかに、しかし物怖《お》じせずに言った。

この時、ピアノの手を止めた和子（三宅邦子）が立ち上がり、節子（高峰三枝子）を直視する。二人の女優の向かい合う顔が、それぞれカメラの正面を見つめたまま、観客の正面に大写し（アップ）される。小津監督のこの独特なカメラワークが、いやが上にも「女の対決」の緊迫感をもり上げる。実際、私は息を呑む思いでこの二人の「にらみ合い」シーンを注視した。

と和子が、迷惑はお互い様ではないかと、語るに落ちる本音（迷惑）を口にした。二人を預かる身となった迷惑をこの義姉はここにきてはっきりと公言した。それで気がすんだのか、例のごとくさっさと部屋を出て行く和子。

節子は黙って耐えた。ピアノは止めさせたのだから。彼女は二階に戻るが、足は自然と壁にかけてある父親の遺影に向かう。温和な父の笑顔の写真をじっと見つめる節子。父なき後の家族の崩壊を暗示する見事なシーンだ。

この後、母と娘がこの長男の家を出る決意を固めたのは当然であった。これ以上の理不尽な家族の侮辱にどうして耐えねばならないのか。そこにはこの高慢な妻を制御できぬ夫（長男）の無能、不甲斐なさへの怒りも暗示されていたと私は見る。

それにしても三宅邦子氏と高峰三枝子氏の対決は迫力満点、見応えがあった。三宅氏は後の小津作品では、上品で美しい貞淑な良妻役が多い。それだけに、このシーンの顔の表情ひとつ変えず、相手をにらみつける、その能面のような冷酷な「悪妻」ぶりは見事で、私は氏の女優としての新しい一面を発見、感心した。

一方の高峰氏。氏の小津作品への出演は少ない。しかしこの作品では不遇の母に一人胸を痛め思いやる健気な末娘を演じて適役、好演であった。氏の美貌は夙《つと》に有名だ。しかし若き日の氏の美しさや可憐さを、その人柄や気品の美しさと共にここまで魅力的に引き出せた作品は、この小津作品しかなかったように思う。私にとって女優高峰氏が一番美しく輝いて見えた、氏の代表作と言えば、この『戸田家の兄妹』の節子が、文句なしに一位であった。

裕福な長女の家庭に潜む暗部……祖母を異常に慕う孫の孤独

長男夫婦の家に居たたまれなくなった母と末娘は、今度は戸田家の長女千鶴（吉川満子）の家の厄介になる。しかし、結論を先に言えば、この裕福な未亡人の家（広い屋敷に女中を置いて住む有閑夫人）でも二人は平安を得られずほうほうの体で逃げだす。長女千鶴の、これが実の娘の母親に対する態度かと呆れてしまうほどの、その容赦のない叱責や剣幕《けんまく》の異常に、二人はまたしても居たたまれなくなったからだ。それは先の和子（長男の嫁）の比ではなかった。

二つのエピソードが印象に残る。まずその一。話は、二人が千鶴の家に同居する前の、長男の家で起きたあの深夜のピアノ騒動の日の、昼間の外出時にさかのぼる。

その外出の際、母は、旧友に会いに行くという末娘（三女）の節子と別れて、自分は亡き夫の墓参りに行くことにした。その途中、ふと思い立って長女千鶴の婚家先に立ち寄った。女中があいにく奥様（千鶴）は外出中で不在だと告げた。

ところがその時、孫の良吉が家にいて、この「おばあちゃん」の来訪をことのほか喜び、自分の部屋で遊ぼうと、熱心に誘った。

もともとその日は夜まで暇《ひま》な身の祖母は、墓参りは後にして、しばしこの自分を慕う孫の相手に興ずることにした。この時の二人の交歓のシーンこそ、私が紹介したい最初のエピソードである。

良吉（葉山正雄）は、おばあちゃんが来てくれたことが嬉しくてたまらない。彼は生前の夫（祖父）がかつて大変可愛がった孫で、孫もおじいちゃんによくなついていた。当然おばあちゃんにも好感を持ち、胸襟《きょうきん》を開く。

良吉は祖母に堰《せき》を切ったようにしゃべり出す。どうやら話を聞いてくれる相手に飢えていたらしい。まず彼は自分が調整した顕微鏡をのぞいてみろと言う。良ちゃんの願いとあらばと、祖母は気さくに応じる。何が見えるかと孫が訊《き》く。解らないと応える祖母に、「ぼくのハナクソだよ」と、孫は平然と言う。

観客が思わずドッと笑う場面《シーン》だ。あきれ顔の祖母と得意満面の孫。この二人の仲の良さを象徴するシーンである。しかし見様によっては、普通の家ではまず買ってもらえない顕微鏡という高価な玩具を与えられ、それに自分のハナクソしか映せないこの少年の環境は、どこか異様と思えなくもない。

案の定、良吉の次の行動は祖母をいたく驚かせた。祖母の前ですっかり安心したのか、孫は今度は唐突に腹がすいたから弁当を食べると言い出し、鞄の中からそれを取り出した。そしておばあちゃんも一緒に食べないかと、手早くゴハンやオカズを二等分し、彼は自分の分を早速ガツガツ食べ始めたではないか。

ここにきて、祖母は初めて孫の日常生活の異常に不審を持った。一緒に弁当を口にしながら彼女はさりげなく問い質《ただ》す。弁当は母ではなく女中が毎日作ってくれるらしい。それにしても今頃自宅で弁当を食べるのは、学校をズル休みしたからではないのか。孫はあっさり認め、お母さんには内緒だよと、念を押すことを忘れない。

その時女中が、祖母に茶菓を持って来た。と良吉は露骨に不機嫌になり、早く出て行けと罵《ののし》る。どうやら女中は母の腹心で、自分の不登校を密告する敵だと警戒しているらしい。

祖母は、女中にも敵意を隠さぬ、この孫のこの家における孤立無援の境遇に愕然《がくぜん》とした。

それは愛する孫への不憫《ふびん》の思い、同情でもあった。同時に彼女は実の娘千鶴の子育てに一抹の疑義を感じた。どうやらこの一家には自分の知らなかった暗部（闇）があるらしい。

祖母は孫の放縦を優しく諭《さと》し、今度だけは目をつぶると約束する

孫の良吉は、母（千鶴）の目を盗んで学校を平気で休むらしい。さすがに祖母もこの孫の放縦は放っておけない。彼女は穏やかに不登校の理由を尋ねた。良吉は正直に答えた。そんな理由で学校に行かないのは良ちゃん、よくありませんよと、祖母はつとめて優しく諭した。孫は自分の大好きなおばあちゃんには素直で正直だ。祖母の忠告にうなずき、これからは学校に行くから、今日のことだけは母に黙っていてくれと必死にせがんだ。

母親に知られたらその折檻《せっかん》は相当に厳しいらしい。母親を異常に恐れる、その孫の脅《おび》えた真剣な表情に祖母は胸を衝《つ》かれた。今度だけよと、祖母は孫の更生を信じ、彼の求める指切りげんまんの約束に応じたのであった。

ところがこの時の約束が、後に祖母の身に思いもせぬ災難となって降りかかってくる。

実の母親を異常な剣幕で叱責する長女

話は母と節子が二度目のタライ回しで、長女千鶴（吉川満子）の家に同居した時に移る。ここで私が紹介したい二つ目のエピソードが登場する。

ある日、良吉の担任から千鶴のところへ、彼のしばしばの欠席理由を問い合わせる通知が来た。寝耳に水のその知らせに千鶴は衝撃を受け動転した。てっきり息子は学校に行っているものと彼女は安心していたからだ。

連日、社交や趣味で家を空けることの多いこの裕福な有閑夫人の、息子を放置し、子育てをおろそかにした、その怠慢、無責任のツケがまわってきたのだ。

ところがこの母親の関心は、当の息子の不登校の原因や彼の悩みを聞いてやる努力や、自らの怠慢を反省する方向には向かわない。自分がその不祥事を知らなかった屈辱や不面目――彼女にとっては世間体や外聞の悪さが最大関心事――を、誰か他者のせいに責任転嫁しないと気がすまない。自分の非は一切認めない高慢で虚栄心の強い人間によくある病癖だ。

そのウサ晴らしの矛先を千鶴は、なんと同居する自分の母親、つまり良吉の祖母に向けたのだ。

千鶴は、老母がどうやら良吉の不登校をかねてより知っていたらしいことを嗅《か》ぎつけた。大方、女中あたりを詰問して得た情報であろう。千鶴は母を呼ぶと、その顔を真正面からにらみつけて詰問した。ここから二つ目のエピソードが始まる。

お母さんは良吉が学校を休んでることを知っていらしたのではありませんか！　どうして自分に知らせてくれなかったのです！　何故黙っていたのです！　と長女は怖い形相をして矢つぎばやに母を責めた。まるで息子を甘やかした張本人は祖母であるかのような、お門《かど》違いも甚だしい非難、言い掛かりである。

母親はしかし、この長女の驕慢《きょうまん》で激しやすい性格を知悉していた。黙って鬼のような形相の娘の難詰に堪え、相手の怒りや興奮が一段落するのを待って、静かに弁明した。「良ちゃんとかわした約束」を守ったこと、そしてそのため母親のあなたに知らせなかったことを正直に。

しかし祖母は最後に、自分が悪かったねと静かに謝ることを忘れなかった。そうしないことにはこの長女の怒りや興奮（ヒステリー）はおさまらない。娘の癇癖《かんぺき》の異常を知悉する母は、さすがに母でツボを心得ていた。

案の定、母を謝罪させて気がすんだのか、長女はにこりともせず、これからも注意してくださいよと捨てゼリフを残すと、部屋を出て行った。

じっとうなだれる老母。これが小さい時から手塩にかけて育てた娘の成れの果てであった。母の決意は固まったようだ。

娘（長女）の家にも安住できぬ母と末娘

節子（高峰三枝子）は、この母が姉千鶴にやり込められる一部始終を、隣の部屋でじっと聞いていた。肩をふるわせ、こみあげる涙を抑え切れずに。彼女は立ち上がって、また壁にかけてある父の遺影の前に立った。無言の節子の嘆きが、私には聞こえてきそうだ。

「戸田家の兄妹」　©松竹株式会社

「お父様。お父様が亡くなって、千鶴お姉様まであんなに変わってしまわれた。お母様は何も悪くないのに。良ちゃんのことを本当に心配し、愛していられるのはお母様よ。それなのにお姉様ときたら……」

　無論私の想像で、映画にこんな独白はない。しかし節子が父の遺影と対面するこの二度目のシーンに、私は戸田家という一つの家族の亀裂、崩壊が決まった、その象徴を見たと思った。

この後、母と節子はただちに長女の家を出た。順番からいくと次は次女綾子（坪内美子）の家だ。しかし二人は丁重に断りを入れて、鵠沼《くげぬま》にある、今は空き家同然の朽ちて雨もりのする別荘に住むことにした。家族や肉親の世話になるタライ回しは、もうコリゴリであった。

ちなみに綾子のその時の対応が興味深い。表面上は彼女は残念がった。しかし二人が立ち去ると彼女は夫と共に、厄介を免れた安堵の微笑を少しも隠さない。これがかつて富豪だった戸田家の子供たちの実態であった。いや一人だけ例外がいた、と言うべきであろう。

次男昌二郎《しょうじろう》の登場……家族の不実に鉄槌《てっつい》を下す

映画は終盤の大詰め、クライマックスに移る。戸田家の次男昌二郎（佐分利信）が登場する。彼はこの映画の冒頭にチラッと姿を見せたきりでその後は不在、全く登場していない。

その次男が亡き父の一周忌に、満州の天津（当時は日本軍の侵略で日本領）から、仕事を中断して帰って来たのだ。

節子（末娘）がひそかに心待ちしていた、この次兄の登場で、物語はガラッと一変する。何故なら昌二郎は、自分の不在中、母や妹の節子が家族の間で大切に扱われていなかったその惨状を知り、いたく憤激したからだ。もともと朴訥《ぼくとつ》だが正義感の強い硬骨漢だ。

昌二郎の怒りは、法事の後の食事の席で爆発した。彼は係の女中たちを去らせると、唐突にしかし冷静さを失わず、毅然とした口調で母と妹（節子）を鵠沼のボロ家に追いやった理由と責任を問い糾《ただ》した。まず長男夫婦に、次いで長女に、最後に次女夫婦にと順番に。

母がその場の険悪になりそうな空気を察して、それは自分の意思だと取り繕《つくろ》う。昌二郎は無視して追及の手をゆるめない。しどろもどろの言い訳をする彼らに、この次男は兄や姉、そして妹に、彼らの不実、不人情を厳しく糾弾した。そしてこんな席にいる資格はない、出て行きなさいと退席を命じた。まさに鉄槌を下すという形容がピッタリの昌二郎の凛《りん》とした処置だった。気圧《けお》されて、もともと反論の余地もなかった五人が憮然《ぶぜん》とした表情で部屋を出て行く。

それを見届けると、昌二郎は温和な表情と口調に戻り、さあ食べましょうと自分のお膳を母と妹の前に持って来た。そして何事もなかったかのように平然と食事を始めた。母と妹は感激の涙ですぐには箸《はし》が取れず、この頼もしい次男の健啖《けんたん》ぶりにただ見とれるのみであった。

これがこの映画『戸田家の兄妹』のピークをなすクライマックスシーンだ。佐分利氏演じるこの昌二郎の勇気ある快挙に快哉《かいさい》を叫んだのは、当の母と妹だけではない。観客も、もちろん私も溜飲が下がる見事な鉄槌シーンであった。その感銘を私は生涯忘れない。

このシーンで、後に私は興味ある事実を知った。「現存プリントでは、一周忌の会食の席で昌二郎が綾子の頬《ほお》を平手打ちする個所がカットされている」という専門家の指摘だ（参考文献⑦）。思いあたるフシがあった。

昌二郎が叱責した家族の中で、この綾子だけは唯一彼より年下の妹であった。次兄の追及がことのほか彼女には厳しい印象があった。彼の追及に彼女もまた、自分は来ていただくように言ったのだが鵠沼に行かれると言うので……と弁解した。その時すかさず次兄は、何故お止めしようとしなかったのだ！　お前にもその気がなかったからだろうと、妹の腹の底を見抜いてその偽善、欺瞞を鋭く暴《あば》いてみせた。

年下の妹であるだけに、兄としてその怠慢、不実が腹立たしく、その追及に容赦がなかった。そんな印象が私には強くあった。それだけに彼女を平手打ちするシーンが当初あったという先の指摘は、さもあらんと私は納得した（カットの理由は不明だが）。

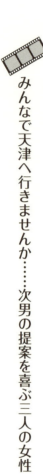

みんなで天津へ行きませんか……次男の提案を喜ぶ三人の女性

映画は穏やかなラストシーン（ハッピーエンド）で終わる。鵠沼の別荘で昌二郎は提案する。母や妹、そして戸田家に古くから仕え、現に今も二人の女性を助け同居する老婢のきよ（飯田蝶子）の三人に、自分と一緒に天津へ行きませんかと。三人の面倒をまとめて見るくらいの気概や度量がこの次男にはあったのだ。

もとより三人の女性に異存のあるはずはない。彼女らは晴れ晴れとした表情で感謝し、この骨のある頼もしい次男にその後の運命を託した。ちなみに戸田家の名誉のために一言補足すれば、先に不実を責められた長男や長女たちからも、その後、母の許《もと》へ謝罪がなされたという。その実事を映画は映さないが。

そしてこの映画は、小津作品らしいユーモラスなエピソードを添えて終わる。

次兄昌二郎を誰より慕う節子が、彼女なりに気を利かせて彼の縁談話を切り出した。お兄様にふさわしいお嫁さんを紹介したいと。あまりに唐突な妹の話に兄は面喰《めんくら》う。

節子の親友の時子（桑野通子）がその女性で、観客には既知の女性だ。かつて長兄の嫁から外出を強要された節子が、身の上相談を兼ねて再会した相手、それが時子であった。

「実はその時子さんが今日この別荘にやって来るの、会ってほしい」と、節子の話は性急だ。あまりに唐突な話に、昌二郎は「恥ずかしいよ」と尻ごみし、大いにテレる。そして間もなく時子が実際にやって来たらしい。

節子が兄を呼びに部屋に戻って来ると、さっきまでいた兄の姿が見えない。映画は、部屋を飛び出し、海岸の砂浜を走って逃げて行く昌二郎の後ろ姿を映す。そしてエンドマーク。

この微笑《ほほえ》ましいラストシーンで、小津監督は、家族崩壊という深刻な現実を描いたこのリアリズム映画を締《し》め括《くく》られた。その点に私は氏の本領を見たと思った。厳しく哀しいリアリズムの追求の果てに、氏は決してユーモアを忘れない。この氏の特性、余裕こそ、先のイタリア・リアリズムに見られない、氏のリアリズムの美点ではないかと、私は感動した。

次男坊の優しさと男気《おとこぎ》……そのモデルは？

作品紹介を終え、以下は余談である。私は二点ほど追記させていただく。

次兄昌二郎（佐分利信）と妹節子（高峰三枝子）の微笑《ほほえ》ましい兄妹愛のシーンは随所に登場する。その中でどうしても忘れられぬ一つのシーン。これが余談のその一である。

冒頭、父親の急逝によるあわただしい戸田家の葬儀準備中の一シーン。末娘の節子は一人オロオロして悲嘆に暮れる。それに気付いた昌二郎が「おい、泣くな」と励まし、自分のかぶっていたソフト帽を彼女の頭にチョコンと載せて、葬儀の準備に去って行く。

このさりげないシーンが、私には忘れられない。男の帽子を頭に載せられたままの、一見不似合いな姿でシクシクすすり泣く節子。その心細い末娘の姿が、何とも可憐でいじらしい。

しかし、彼女は次兄のその帽子で確実に支えられ、慰められている、と私は感銘を受けた。一つの悪戯《いたずら》気味の帽子が、仲の良い兄妹の信頼関係を見事に暗示している。その絶妙な演出に私は敬服、脱帽した。

あるいは葬儀を終えて再び天津に戻る昌二郎が、甲斐甲斐しく自分の準備を手伝う節子に言う。「天津へ行ったらお前の婿《むこ》はオレが探してやる、心配するな」と。この時の節子の嬉しそうな、満足と感謝の表情も印象に残る。そこには次兄を信頼し切った一人の女性の安心と至福が垣間《かいま》見える。

古来、女性が憧れ慕う理想の男性像は、優しく頼もしい兄のような存在である。とはよく言われることだ。昌二郎はまさにその典型ではなかったか。

余談の二。この頼もしい次男坊昌二郎のモデルである。私は多分に小津監督自身の若き日の自画像ではなかったか、と憶測してしまう。共に次男坊で、その昌二郎と安二郎という語呂の類似。あるいは氏が、その私生活においてご母堂を大切にされ、その最期まで自分の家に引き取り同居された事実は、ファンなら周知の氏の親孝行ぶりだ。

また妹御や近親者にも終生優しい兄であったことは、ご当人らの証言があった。それらの事実は、この戸田家の次男坊のモデルには、どうやら多分に小津氏自身の投影がある、と私に憶測させる。同様の指摘をする専門家もあるため、あながち見当外れでもあるまいと思うのだが……。

（完）

④『風の中の牝鶏《めんどり》』（一九四八年）

敗戦直後の荒廃した世相を直視……一人の若妻の痛ましい物語

小津監督の戦後の作品紹介に移る。この『風の中の牝鶏』はその二作目だが、私にとっては極めて異色、異例のリアリズム映画という印象が強い。何が異色なのか？　二点述べる。

その一。この作品の主題は、小津作品には珍しい人間の罪に焦点をあてる。すなわち復員する夫を待つ、留守中の妻のただ一度の過失（＝不貞）を描く。その点では、深刻な現実に向き合った、リアリズム映画にふさわしい題材だと私は期待し、また感銘も受けた。しかし納得できない不満や疑問があまりにも多く私の心を占め、私のせっかくの感銘を上回った。何故監督はかくも苛烈に主人公の過ちを犯した女性（若妻）を裁くのか。私は小津監督の倫理観に正直、疑いを持ったほどだ。

つまりこの作品は、私が賞讃を惜しまなかった従来の小津作品とは明らかに一線を画する、異例、異色の作品である。痛切な感銘があっただけに不満の多い一本だったことは惜しまれる。しかしその感銘よりも疑問や不満が優先する作品を取り上げるというのは、極めて異例である。実はその不満にこそ、この作品の意義があったと私は思う。

その二。小津監督はこの作品を「失敗作」とはっきり証言されている。以下のように。「作品というものには、必ず失敗作があるね。それが自分にプラスする失敗ならいいんだ。しかし、この『牝鶏』はあまりいい失敗作ではなかったね」（参考文献⑨）

この氏の発言も私には異例に映る。「失敗作」だとする氏の評価に、僭越だが私は全く賛同する。しかし、その理由については氏自身明らかにされていない。当然私などに解るはずがない。ただその「失敗」に、先に書いた私自身の不満や疑問に関連する部分があったとすれば、この作品を取り上げた意義もあったかと、私は自らを慰める。

ちなみにこの作品に対する専門家の評価も、実際低い。「失敗作」だと書く解説書も少なくない（参考文献⑦⑨）。唯一の例外は、この作品が、若き日の小津作品との最初の衝撃的出会いであったと回想される評論家、佐藤忠男氏くらいであろうか。氏のこの作品への評価は唯一好意的だ（参考文献⑧）。しかしその賞讃の理由は難解で無理が感じられ、私自身は共感できなかった。

子供の入院費のため金が要る……途方に暮れる若い母親の不貞

物語に移る。敗戦後の混乱・荒廃がまだ治まらぬ東京の下町が舞台だ。主人公の雨宮時子（田中絹代）は、戦争からまだ復員して来ない夫、修一の帰りを待つ若い主婦だ。二階を間借りして幼い子供浩《ひろし》と二人暮らしをする。その生活は当然ながら楽なはずがない。ミシン仕事の下請けや乏しい着物の売り食いで、何とか露命をつなぐ毎日だ。

その日、時子は最後の着物を持って、親友の秋子（村田知恵子）のアパートを訪ねた。着物の買い手の紹介を頼むためだ。やがて秋子の案内で同じアパートに住む紹介先を尋ねると、織江という少しくずれた感じの女が、時子を見て、その器量であればもっと楽に稼げるのにと揶揄《やゆ》し、二人を不快にさせた。

当時は敗戦直後の荒廃した世相だ。パンパン（米兵相手の街娼）をはじめ、生活に困窮した女性が職もないため、売春に身を落とすことは少しも珍しくなかった。織江の皮肉はそんな時代の風潮を暗示する。

時子はその時はまさかと嫌悪、反発したが、結局はまたその織江の部屋を訪れる破目となる。何故なら帰宅すると浩が熱を出していたからだ。急いで病院に連れて行くと大腸カタルと診断され、入院を余儀なくされた。時子にその費用の当てはない。

「風の中の牝鶏」　©松竹株式会社

翌日、浩の容態は回復に向かったが、入院費の前納を求められ、時子は途方に暮れた。これが時子が織江の仲介で身を落とす運命となった原因だった。映画は時子のその転落の実事は映さず、ごく暗示的なシーンに止《とど》める。

後に秋子が訪ねて来て、織江の許へ駆け込んだ時子の軽率を責めた。何故事前に相談してくれなかったのかと。時子は、同じ貧しい境遇にある秋子にとても相談はできなかったと言って泣き伏した。秋子にも返す言葉がなかった。

数日後、浩は退院した。入院費のためとはいえ、一晩の過ちを犯した自分を、時子は写真の夫修一に詫び、また自身を深く恥じるのだった。

復員した夫は妻の告白に呆然、絶句した

その日、時子は回復した浩を連れて、久し振りに秋子と近くの荒川土手に遊びに行った。

昔の夢を語り合ったりして家に戻ると、なんとそこには夫の修一（佐野周二）が帰っていた。

二人は久し振りの再会と一家団欒を喜んだ。話は留守中の浩の成長ぶりに及び、時子は、先日の浩の病気のことをつい口にしてしまった。金の払いが大変だったろうと、夫はすかさず入院費の工面について尋ねた。と時子は言葉に窮し、たまらず泣き伏した。嘘《うそ》が言えない彼女はすべてを打ち明けてしまうのだった。

愕然として絶句する修一。映画はここから先ほどの再会の喜びはどこへやら、一転して重い苦悩を背負った二人がそれぞれに苦しむ、暗い物語が延々と続く。夫は苦悩から寡黙となり、不機嫌な外出と彷徨《ほうこう》を始める。時子は自責の念に沈み、オロオロするばかりだ。

翌日、秋子が修一の帰還を聞きつけお祝いに来た。その際、彼女は先日の過失は黙っておいた方がいいと忠告した。時子はもうすべて修一に話してしまったと言った。後の祭りに今度は秋子の方が愕然として言葉を失った。

妻の過失を告白させる、夫の性急と不自然

それにしても、と私はここでこの映画への疑問の一つを挟まずにはいられない。それは夫修一のこの冒頭のシーンの不自然さである。

この作品の唯一の重要な主題は、夫の出征中の妻の過失、つまり不貞である。その重要な問題を、夫は復員して来た当日に「子供の病気から待ち構えたようにたたみかけて（妻に）白状させる」のは「唐突で不自然」（登川直樹氏、参考文献⑨）。この指摘に私は同感である。

映画では一見、夫の追及に堪え切れずに妻がすべてを告白するという、妻の側の不注意、軽率のように描く。しかし非はそのように妻を追い込んだ夫の側の短慮、性急さにもあったと私は思う。いずれにしても、先の親友秋子が忠告したように、いつか隠し切れなくなるのは止むを得ないとしても当面は「黙っておいた方がいい」、これが演出として自然ではなかったか。

この妻の過失告白を冒頭に持ってきたため、映画はこの後最後まで、ギクシャクした暗く冷え切った夫婦関係の描写に終始する。そのため夫婦が寄せあう愛情や信頼関係の描写は一切抜け落ち、小津作品には前代未聞の、愛もなければユーモアもない、実に陰鬱《いんうつ》な映画と化した。

妻の過失現場を訪れる、夫の苦悩と矛盾

さて夫修一の苦悩である。彼はまず職を求めて出版社の友人佐竹（笠智衆）を訪ねて行

く。しかし仕事の話は耳に入らない。イライラして帰宅した彼は、改めて時子に先の不貞について根掘り葉掘り問いただす。と彼はまた苛立ちを隠さずプイと外へ飛び出して行く。時子は相変わらずオロオロするばかりだ。

ここで注目するのは、この映画は夫修一の苦悩を描くことに熱心で、妻時子のそれは全く放置していることだ。被害者は夫だけか。違う。妻時子こそ夫以上の被害者、犠牲者ではないか。この視点がこの映画には全く欠落している。後に改めて触れるが、この映画の致命的欠陥がここにあると私は予告しておきたい。それは以下に紹介する修一の行動の不可解、矛盾にも現れる。

その日、修一は時子を問い詰めて聞き出した妻の不貞現場を探した（何のために？）。月島にあるそのいかがわしい連れ込み宿を見つけると、客を装って入り、女将《おかみ》から時子のことを聞き出そうとした。聞いてどうするのだと、私はここでもこの修一がマヌケに思えてならない。

彼はそこで房子（文谷千代子）という若い女を紹介された。彼女は働けない父と小さな弟をかかえて売春していると、少しも悪びれずに言う。その身の上話を聞くと、修一は金だけ置いて外へ出た。

彼がそこで何を思ったのかは観客には不明だ。ただ映画は、この後、二人の再会シーンを映す。宿の裏の隅田川に面した空き地をブラブラ歩く修一の前方に先ほどの娼婦、房子が現れた。彼女はこの空き地で弁当を食べるという。

「あんなつれ込み宿に一日中いるのは嫌《いや》だから、客のいないときはここにぶらぶらしていて、客が来たら呼んでもらうことにしている」（参考文献⑧）、とも彼女は明るく屈託なく言った。

二人はそこでしばし、とりとめのない世間話を交わし、最後に修一が言った。こんな仕事はやめて、もっとまともな仕事口をさがしてやるからと約束して別れた。彼は若い房子の境遇に同情を感じたのであろうか。この後、同僚の佐竹に早速、彼女を雇ってもらえないかと相談している。

問題は、その時佐竹が、修一の暗く沈んだ表情から、彼の苦悩を察知し、それを聞き出したことだ。佐竹ははっきり言う。奥さんを許してあげるべきだ、強い意志の力でその不寛容な感情を抑えつけるのだと。佐竹はきっぱりと忠告をした。

しかし、その効果はなかったようだ。何故なら、映画はこの後、この作品のクライマックスとも言える、修一の、妻時子に対する烈《はげ》しく残酷な暴力シーンを映すからだ。言い換えれば、修一が房子と出会った先のシーンの意義——彼は何を思い、何を反省したのか——が、作品に全く描かれぬため、そのエピソードが死んでしまっているからだ。

妻を階段から突き落とす修一の暴力……小津作品空前の残酷シーン

問題の、そのクライマックスシーン（実はラストシーン）に移る。家を空けて彷徨することの多かった修一が、その日、また不機嫌な表情を隠さず帰宅した。時子は安堵した喜びの表情で夫を健気に迎えた。

ところが優柔不断と言おうか、煮え切らない男とでも評すべきか、修一は妻の顔を見ると、またしても不快の表情を露《あら》わにして、今来たその二階の部屋をまた出て行こうとした。ここからである。田中絹代氏の必死の熱演が光るのは。時子は夫の手を取り、どうぞもう出て行かないでください、家にいてくださいと必死に哀願した。その時であった。

妻の手を振り切って部屋を出ようとする夫の手が、はずみもあって彼女の体を突きとばした。階段間際まで夫の体にすがりついて哀願を止めなかった時子が、なんと振り落とされて、悲鳴もろともまっ逆さまに階段を転げ落ちて行った。一階の板の間に倒れ伏した時子は失神したように動かない。

このショッキングなシーン。観客は息を呑むところだ。ちなみにこの時子の転落シーン、実は曲芸《アクロバット》のスタントマンが代役であったらしい（参考文献⑧）。

問題は、失神して動かぬ時子に、それを目撃した当の夫は何の反応も示さず、階段を下りてくる気配さえ見せないことだ。妻の安否は気にならないのか、全く姿を見せない。発見したのは、買い物から帰って来た家主の妻だ。彼女はこの異変に驚き、心配して時子に大丈夫ですかと声をかけた。

その声に意識をとり戻したのか、時子は大丈夫だと平静を装い、やおら気丈に起き上がる。そして足を引きずり腰をかがめながら、階段を一段ずつ這《は》うように上がり始めた。その姿をカメラは執拗《しつよう》に映す。しかし繰り返すが夫はついに最後まで姿を見せなかった。彼は一体何をしていたのか。

この後、唐突なラストシーンとなる。二階にやっとの思いで辿《たど》り着いた時子が見たものは？　修一は彼女の方に背を向けたまま、机の前に一人で座っていた。このあたり佐野周二氏の演技は解りにくい。反省か、自己嫌悪か、判然としない。

「風の中の牝鶏」　©松竹株式会社

その夫が妻に気付くと、突然立ち上がり、唐突に彼女を抱きしめ、以下のような宣言をする。こんなことは自分は忘れるから、お前も忘れろ。いつまでもこんな忌《い》まわしい思い出を引きずるのはやめにして、二人で出直そう。と、彼は一気にまくし立てるように幕引きの演説をするのだった。

妻は抱きすくめられたまま、夫のこの唐突で一方的な和解宣言に戸惑いを隠せない。それでも自分はやっと赦《ゆる》されたらしいと、かすかに安堵の表情でうなずく。その二人の抱き合った姿にエンドマークが重なって、映画は終わる。これほど唐突で不自然な、つまり説得力に欠けたラストシーンも珍しい。

夫に妻の過失を責める資格があるのか……最大の疑問と不満

それにしても小津映画では前代未聞の、先のショッキングな妻の転落シーンであった。

実は、この夫が妻を二階から突き落とす暴力シーンにこそ、冒頭で述べた私のこの作品に対する疑問や不満、そして怒りのすべてが集約される。田中絹代氏演じる時子は、何故かくも厳しく酷《むご》く扱われねばならないのか。何故かくも被害者時子は一方的に断罪されねばならないのか。この点こそがこの映画に対する私の決定的不満、不信であった。

二つの答えを私は見出した。その一は、評論家北川冬彦氏の以下の批判である。氏は夫修一の責任や貞操を不問に付す脚本の欠陥を以下のように指摘される。


……………

「シナリオの何よりも大きな欠陥は、修一なる人物の性格がハッキリしていないことである。（略）修一に果たして妻の所業を責めるだけの資格があるのか。四年間も、戦地にあって彼は唯の一度も女に接しなかった男なのかどうか。もし、あれほど妻を難詰するのなら、修一は、妻以外の女には絶対に接したことのない世にも珍しい男性であることを納得のゆくように描き出して置かねばならないのである。妻の貞操ばかりにこだわり夫の貞操を念頭に置いていないのがあのシナリオの最大欠陥である」（参考文献⑨）

……………………

この北川氏の批判に私は全く同感である。中でも夫の修一に妻の過失を責める資格があるのかという批判は、私自身がこの作品を見ながら終始、念頭を去らなかった疑問、不満であった。

北川氏は修一の兵隊時代の貞操の問題を取り上げておられる。無論それも理解できる。私はそれ以外にも彼の怠慢、無責任はあったと思う。例えば、修一は四年間も家を留守にして、妻に子供の養育など一切の負担を押しつけ、放置していたのだ。そこには戦争という非常事態があったにせよ、女手一つの細腕で留守の家族を懸命に守った妻への慰労や感謝、そして思いやりの気持ちがあって当然だ。しかし映画は微塵もそれらを描かない。この不公正や偏狭に、私の疑問や不満は怒りに近いものに増大した。

小津監督の倫理観の正体……氏の人間愛の狭量と不寛容

私が見出した二つ目の答え。それは評論家も誰も触れられない、小津監督の内なる倫理観に起因するものではないかと、私は推測する。

作品の不公正を象徴する先の夫、雨宮修一（佐野周二）は、実は小津監督自身の自画像、分身であったのではないか。修一が妻時子の不貞にこだわり、これを頑なに許せなかったのは、実は小津氏自身がそのような倫理観の持ち主であったからではないか。そう考えると、氏がこの作品を「失敗作」と公言される理由も、私はほぼ理解できるように思った。

この『風の中の牝鶏』は、実は氏の秘められた倫理観の一端が、図らずも露呈された作品であった。そういう意味で小津ファンにとってこの作品は興味津々の貴重な一本と言えなくもない。失敗作であったが故に、氏の本音を垣間見ることができた。

しかし小津監督にとっては、不本意で後悔の残る一本となった。何故なら氏は雨宮修一に、いや作品全体に、氏の偏狭で頑なな倫理観を押しつけすぎてしまったからだ。

以下も私の独断、推測となる。この作品で見る限り、主人公雨宮時子のような、生きるためには売春をも辞さない主婦は、氏の潔癖で健全すぎる道徳観には手に余る、と私には映る。

氏はかつて、貧しさゆえに犯罪に走り、娼婦に身を落とす社会的弱者、つまり下層庶民の世界を好んで描かれた（戦前のサイレント時代）。その時点で、私は、氏は庶民に寄り添い、彼らを愛する、彼らの味方という印象を持った。

しかし、この映画の雨宮時子の描き方を見て、どうもそれは違うなと考えを改めた。案外氏は、罪を犯す庶民（人間全般）に対して、厳しく不寛容な御仁《ごじん》ではないかと訝《いぶか》った。

先にも触れたが、氏の作品の犯罪者は、警察に自首したり、刑事のお縄に潔く身を預ける、そんな庶民が多い。氏は警察好きとまでは言わないが、庶民を愛するというより、庶民を罰し、彼らの更生を願う、そういうことの方が実は好きな監督だったのではないか？

この『風の中の牝鶏』においても、主人公雨宮時子は見事に罰せられている。しかし、彼女への救いの視線はまるでない。氏の秘められた倫理観が、図らずも露呈された作品として、私がこの「失敗作」を皮肉な意味で、意義深い作品と評価、注目する理由がここにあった。

（完）

⑤『晩春』（一九四九年）

女優原節子氏の登場……小津作品（六本出演）で銀幕の女王に

いよいよ小津監督の戦後の代表作に移る。名匠小津監督の名を一躍有名にした名作ばかりだ。その中から、後に「紀子《のりこ》三部作」と呼ばれる三本に限定したい。いずれも主人公を演じた原節子氏の役名「紀子」（苗字は異なる）に拠《よ》る（参考文献⑰⑱）。

それらはこの『晩春』（原さんは当時二十九歳）、二年後の『麦秋』、さらに二年後の『東京物語』である。いずれも原さんが女優として、また一人の女性として最も美しく輝いた時期の作品で、私には印象深いものばかりだ。

表現を換えれば、そのような原さんの女優としての魅力を見事に引き出し、映像化された小津監督の卓越した演出が最も冴《さ》えた、氏にとっても絶頂期の作品だったと思う。

ちなみに言えば、この世紀の名コンビによる作品は六本。先の「三部作」以外には『東京暮色』『秋日和』『小早川《こはやがわ》家の秋』がある。

私はその中から先の三本に限定して選択した。が、念のため補足すれば、それら六本の作品が実はすべて原節子氏を、日本映画界のトップスター（銀幕の女王）に躍進、君臨させる栄誉に大いに貢献したことだ。

興味深い事実を私は教えられた（参考文献⑰）。二〇〇〇年の「20世紀映画スター・女優編」（キネマ旬報社）で、氏はなんと「日本女優の第一位」にランクされたという。つまり、氏はその人気・実力において、日本映画史上トップの女優さんであった。

この事実は、氏のあまりにも有名な女優引退劇を思う時、ひとしお考えさせられるものがある。周知のように原氏は一九六三年、四十三歳の時、突如何の説明もなく映画界を引退、女優を廃業された。そこには氏が尊敬される小津監督の死去（同年、享年六十歳）の影響が大きかったらしい。

注目は先のキネマ旬報社の企画が、原氏の引退後、三十七年も後のものであったことだ。もう女優としての存在や盛名がとっくの昔に忘れ去られていて不思議でないこの時点で、氏は「日本女優第一位」の栄誉に輝いた。この不死鳥のような氏の人気、魅力の不滅性に、私は正直目を瞠《みは》った。

私は何を言いたい？　これから紹介する『晩春』に始まる「紀子三部作」の魅力は、まずその女優原節子氏の魅力――美貌だけでない、秀逸な演技力――を措《お》いて語れない、そのことである。以後私の紹介もその点を無視してあり得ないこと、この場でご了解を得たい。

ところでその原氏は、二〇一五年、私がこの原稿を執筆中、九十五歳で亡くなった。その新聞報道に接して、懐旧、追悼の思いに駆られたファンは少なくなかったはずだ。

女優引退後、氏は半世紀余りの間、ひたすら世間との交渉を一切断った隠棲《いんせい》生活を選択された。そのため氏の後半生は謎に包まれ、「伝説の女優」「永遠の処女」などと神秘化された。私はそのように生涯を終えられた氏の生き方にも深い感銘と敬意を感じずにはいられない。

人生はいつか終わる。氏はその一番美しく輝いた時期に、何の未練もなく忽然《こつぜん》として姿を消された。常人にはマネのできない、その潔い決断と勇気、そして見識に、私は人間の生き方の一つの理想を教えられたと思った。合掌。

貧しい庶民の世界と訣別……恵まれた上流階級を追う小津作品

「紀子三部作」の紹介に先立ち、もう一つ注目せねばならぬ事実があった。この『晩春』を契機に、以後の小津作品の世界が一変することだ。

従来の小津作品の多くは、貧しい庶民の世界の現実を描いた。貧困や失業の苦悩、またそれゆえの転落（強盗や娼婦など）。しかし氏は前作『風の中の牝鶏』の失敗に懲《こ》りられたのか、それら貧者の世界を放棄、これと訣別された。

代わって氏の関心は、経済的にも何不自由のない、裕福で恵まれた上層市民、つまり上流階級の世界に移行し、その傾向は遺作（『秋刀魚の味』）までついに変わることはなかった。

この小津作品の豹変《ひょうへん》を、一種の氏の「転向」と見なし、「小津は現実を見捨ててブルジョワ的な世界へ逃避した」と批判する評論家も少なからずあったらしい（参考文献⑧）。私はそれらの批判にはいささか不満である。むしろこう考える。氏の作品の舞台が貧者から富者のそれに移行した事実は、氏自身に内在した氏本来の資質や嗜好《しこう》の顕在化、つまり本来の氏自身への回帰にすぎなかったのではないかと。

小津氏は、その生い立ちや資質を見れば、もともと貧困とは無縁の人だ。貧者の側に常に寄り添い、エールを送る人ではない、と私は推測する。この点、小著〈上巻〉で紹介した成瀬巳喜男監督とは全く対極に位置する監督だ。

東京の深川と三重の松阪に店舗（肥料問屋）を持つ、裕福な小津家の次男坊は、宇治山田中学に入学後、寄宿舎に入り、暇を見つけては名古屋まで汽車で映画見物（アメリカ映画に氏は魅了されていた）に通ったという。この十代後半の実にリッチで羨ましいほどの自由で奔放な青春時代の謳歌は、貧者の息子にはあり得ない。ここに小津監督の恵まれた境遇（原点）が象徴される。

つまり氏自身の本来の資質や嗜好は、金と時間に恵まれた富者、つまり上流階級のぜいたく志向に限りなく近い。私はそれを今、氏の一種の上流志向、高尚趣味と呼ぶ。

しかし、氏は若き監督時代、そのサイレント作品が代表するように、失業者や娼婦などの貧者、つまり社会的弱者を好んで描かれた。そこには時代の暗雲（大不況）がもたらす社会の悲劇や不幸を無視できぬ、氏の若さゆえの熱情や客気《かっき》があった。しかしそれらはあくまで一過性のものにすぎず、その体質に合わぬ無理は『風の中の牝鶏』の失敗で一挙に顕在化した。貧者の苦痛や悲哀を描くには、氏の倫理観はあまりに健全すぎ、非寛容にすぎた。所詮、貧乏を知らぬ氏には荷が重すぎたのだ。そのことは先にも触れた。

私は、芸術の描く対象は貧者の世界であれ富者のそれであれ、何でもいいと思う。要はそこに人間の真実を追求する芸術家、つまり監督の真摯《しんし》な努力、自己との格闘があるかどうかだと思う。言葉を換えれば、その描く真実（主題）に、現代を生きる私たちの心を打つ普遍性があるかどうか、この一点に尽きると思う。その点も、これから紹介する小津作品の一つの見どころとして注目していきたい。

父親離れできぬ大学教授の娘の結婚問題

物語に移る。と言っても話は実に単純だ。「父親離れしようとしない娘の結婚問題を心配した父が、再婚すると偽って娘を無事に結婚させる」（参考文献⑦）。ただそれだけの話である。貧者が見ればぜいたくな悩みだ。

舞台は北鎌倉の閑静な住宅地。そこに大学教授の曽宮周吉（笠智衆）と一人娘の紀子（原節子）が住む。近くには紀子の叔母（父の妹）、田口マサ（杉村春子）の一家も住む。

周吉は妻を亡くし、やもめ暮らし。二十七歳の娘紀子が、その父の面倒を見ることを生き甲斐とし、明るく愉しそうに、実にまめまめしく立ち働く。

さて、父親周吉と妹マサの目下の気がかりは、婚期を逸しかけている紀子の結婚問題だ。周吉はマサを通して娘の気持ちを訊《き》いてもらった。と紀子は「あたしまだお嫁にいきたくないの」とあっさり答えた。その理由を問うと、「あたしがお嫁に行くと困る人がいる」、「あたしがいなくなるとお父さんきっと困るわよ」と紀子。

叔母は年の功で切り返す。「そんなこと言ってたらあんた一生お嫁に行けやしないよ」と。すると「それでもいいの」と紀子は全く屈託がない。どうやら彼女は、ずっと父の傍《そば》で彼の面倒を見ていたいらしい。

この曽宮家に実は一人、よく出入りする青年服部（宇佐見淳）がいた。彼は周吉の大学の弟子で、父の仕事を手伝う助手のような若い学者である。周吉はマサの助言で、あれはどうだ、と娘に聞いてみた。ところが紀子は笑い出して、あの人はもうじき結婚するのよ、と暗に婚約者がいることを告げて父親をがっかりさせた。

実は彼女も彼を好きだったらしいが、きっぱりと諦《あきら》めている風であった。この服部と紀子のエピソードで忘れられぬシーンがあった。この映画で、私が原節子氏の美しさに度胆を抜かれた、その衝撃のシーンから触れる。

サイクリングする紀子の美しさ……女性美の極致に息を呑む

その日、服部は所用でまた曽宮の家にやって来た。あいにく周吉が外出中のため、彼は所用を果たせず待機した。その彼の退屈を察知して紀子が提案した。天気もいいし、近くの七里ヶ浜を自転車で散歩してみないかと。

気の置けない同士のこの若い二人は早速、意気投合。やがて二人が気晴らしと時間つぶしを兼ねて、快晴の七里ヶ浜を自転車で、颯爽《さっそう》と疾走するシーンが登場する。私は美しいと息を呑んだ。

とくに、長い黒髪を風になびかせながら、笑顔いっぱいの原さんが、実に気持ち良さそうに、愉しそうに自転車をこいで行く。その隣を服部も同様の表情で並走する。カメラはこのサイクリングに興ずる二人を、前後左右から執拗に追う。とくに紀子の歓喜の表情を正面からアップでカメラは何度も映す。その荘厳なほどの美しさに、私は我を忘れてただ呆然と見入った。

女性というものの美しさをスクリーンに映し出した映画は古来無数にあった。しかしこの時の原さんの美しさは私の生涯で古今無比、まさにその極致、化身を思わせた。神々《こうごう》しい、後光が差すという形容がある。あるいはヴィーナスと呼ぶ美の女神もあるらしい。それらのいずれにもピッタリあてはまる、そんな原さん（紀子）の美しさであった。

私事になるが、私が生涯で美しい女優さんだと魅了され、今も忘れられないのは、二本の洋画の主人公だ。『陽のあたる場所』（一九五一年）のエリザベス・テーラーさんと、『終着駅』（一九五三年）のジェニファー・ジョーンズさん。この二人以外にない。

しかし原さんの先のシーンの美しさはそれら二氏と異質、別格だと思った。前者のテーラーさんは実に可憐で美しい。後者のジョーンズさんは妖艶《ようえん》そのものの美しさだ。しかし原さんの美しさは可憐、妖艶とは少し次元が違う。清潔で無垢《むく》、その上気品と優しさを兼ねそなえた大人の女性の美しさ。一種「天使」のそれだ。

しかし私の乏しい語彙《ごい》や表現力ではいくら書いても所詮空しい。百聞は一見に如《し》かず、せめてその美しいシーンのスチール写真を小著に掲載したいと物色した。『晩春』のスチール写真はいくつかあったが、どれもお決まりのものばかりで、肝心のサイクリングする原さんのそれはなかった。残念でならない。そのシーンこそ、この作品に私が感じた最高の魅力、感動であったのだから。

父の再婚話に愕然とする紀子……原氏のもう一つの顔

話を戻す。父とその妹（叔母）は、結婚や縁談に関心を示さぬ紀子に手を焼いた。と妹のマサが兄妹の心安さで兄周吉に一計を提案した。兄さんが再婚すると言えば、紀子さんだって考え直すのではないかと。周吉自身その気は全くないのだが、ここは娘を結婚させるためには止むを得ないかと、そのマサの提案に同意した。ここから周吉の一世一代の大芝居が始まる。しかし注目は、その芝居を信じた紀子の動揺と失意の大きさであろう。先に触れた「日本女優第一位」の原節子氏が、ここから新しい紀子像を演じる。その演技力が、二つ目の魅力となる。

叔母から父の再婚話をほのめかされた紀子はショックを受けた。父にその真意を問い質《ただ》すと、父ははっきり言った。実は自分も結婚するつもりだから、お前も結婚してくれないと困るのだと。

父の穏やかだが、その何時《いつ》にない毅然とした物言いに紀子は愕然とした。しかし彼女も負けずに本音を告白する。「あたし、このままお父さんと一緒にいたいの……」と。

この後、映画は父と娘の押し問答の繰り返しを描く。しかし父は有無を言わせぬ断固とした口調で、娘の未練、反論を押し切った。かくて紀子の父親への思慕は断たれたらしく、この後、失望、落胆した紀子の父親への対応は豹変《ひょうへん》した。それは男に裏切られた女の怒り、怨念を思わせる、露骨に不機嫌で冷淡、素っ気ないものに変わる。

先のサイクリングシーンで見せた紀子の、幸福感に満ちた明朗で快活な表情は消え、観客は、原氏のガラッと変わった冷たく険しい表情に、ゾッとさせられるほどの恐ろしさを感じる。

このまるで「天使」から「鬼女」への原氏の表情や演技の激変は、氏の性格俳優としての才能の豊かさを暗示していて、私は瞠目した。そしてその演技力の幅の広さが、この作品の危うさを救っていたと思う。

実は、私はこの『晩秋』の父親の「嘘の再婚話」に違和感を禁じ得ない。娘を結婚させるため、父親がその気もない再婚話を、実際、娘に説得できるのか？　私はこれが嘘っぽくて、そんな話が現実に可能だとは信じられない。危うさとはそれを指す。

しかし、先に書いた原氏の演技、つまり紀子の対応の豹変ぶりが、辛うじてその嘘っぽさを忘れさせ、そんなこともあり得るかと、何とか合点した次第であった。

能鑑賞で父の再婚相手と出会う……嫉妬《しっと》に苦悩する娘が絶品

この映画で感動した二つ目のシーン。それはまたしても原節子氏の、今度は演技力に関する感嘆のシーンである。

父の再婚話で気まずくなった父娘《おやこ》は、それでもその日、能舞台の鑑賞に出かけた。二人が観劇したこの劇中劇として演じられた能舞台は、どうやら本物らしく圧巻の迫力がある。映画を見ている私たち観客も、しばしその日本の伝統芸能の厳粛な舞台に、思わず襟を正して見入ってしまう。

さて、紀子は父の隣の席で舞台に見入っていた。と父が遠くの観客の一人に目礼した。紀子は見逃さない。父の視線の先を追うと、一人の上品な婦人（三宅邦子）が、紀子の方にも目礼を返してきた。一瞬ハッとしてあわててぎこちない目礼を返す紀子。女の直感で紀子は感知した。あの女性が父の再婚相手か？

すると今日のこの能楽鑑賞は、自分も含めた三人の見合いの場だったのか？　紀子の娘らしい疑心暗鬼が始まる。このあと紀子はもう舞台を見ていない。この時からの原氏（紀子）の内向的な演技こそ、私がこの作品の中で一番印象に残った氏の性格俳優としての面目躍如の名シーンである。

隣の父親をのぞき見ると、父は娘の動揺など全く無頓着に舞台に心を奪われている。さりげなく先の婦人を遠望すると彼女も何事もなかったように平静に舞台の方を眺めている。

一人紀子だけが落ち着かない。視線を固定できず、下にうつむき、隣の父を盗み見し、また遠くの席の女性に視線を泳がす。この時の紀子の視線の動きを、その表情と共にカメラが正面からアップで映し出す。大好きな父親を奪われた娘の（と言うより一人の女性の）、嫉妬や無念の思いを、原氏は眼《め》の表情だけで——観客であるため氏の動作は封じられる——見事に演じられた。原氏は決して美貌と気品だけの「お姫様」女優ではない。人間の内なる感情の微妙を表現しても秀逸な、文字通り第一級の女優さんであった。

結婚を承諾した紀子……女学校時代の親友の歯に衣着《きぬ》せぬ忠告

結局、紀子は叔母のすすめる見合いをし、結婚することを承諾した。そこには女学校時代からの気の置けない親友、北川アヤ（月丘夢路）の影響が大きかった。アヤは、今風に言えばバツイチの離婚経験者で今は独身、自分の見つけた仕事に精を出す活発な女性だ。

このアヤが、父親離れのできぬ紀子の優柔不断を一笑に付し、ズケズケと批判、直言する。あんたみたいな引っ込み思案のお嬢さんは、自分で相手を見つけて結婚してくださいという勇気など、はじめからありゃしないのだから、その叔母さんのすすめる縁談をありがたく思ってお嫁にいっちゃえばいいのよ。いっちゃえ、いっちゃえ、と一気呵成《かせい》にまくしたてた。

アヤの容赦のないこの直言に、さすがに紀子はムッとしてアヤの家を飛び出してしまう。

しかしその後、この親友の遠慮のない苦言は紀子の迷いに、一つの決断をもたらしたらしい。彼女は父や叔母のすすめる見合いの話に応じ、やがてついにはその相手との結婚を承諾したのだから。

ちなみにその相手の男（佐竹）や、見合いのシーンなどは一切映画に登場しない。あるのは苦渋の決断をした紀子が、素直にアヤの許へ報告に行き、アヤが心から紀子の決心を喜び、祝福するシーンのみである。

それにしても、あれほど紀子が難色した叔母の縁談話を、一転して受け容れさせたアヤの存在、役割は大きかった。

余談になるが、私は小津監督独特の結婚観を想起した。氏は結婚というものは、当事者相互の意思表示よりも、周りの第三者が気を利かせてやることでうまくいく。これが氏の持論らしい。そのため当事者同士の愛の告白を描く恋愛映画は氏の大の苦手とされるところで、実際、そのような作品は一本もない。

この作品の北川アヤは、小津氏好みの恰好の第三者、仲介者として、月丘夢路氏の強烈な個性や貫禄と共に光る。

結婚するから幸せになれるのではない……父が説く結婚の心構え

物語は大詰めのクライマックスを迎える。結婚を承諾した娘と、安堵した父親が二人だ

「晩春」　©松竹株式会社

けの最後の小旅行をするシーンだ。父親の友人の住む京都を訪れた二人は、友人夫婦と共に京都見物を愉しんだ後、その夜、旅館に一泊した。

翌朝、二人は鎌倉の自宅へ帰る準備をする。このシーンで交わす二人の和解と別離の言葉こそ、この映画の一番の見せ場、クライマックスではなかったかと、私は忘れられない。

それはなんとまた紀子の繰《く》り言から始まった。この期《ご》に及んでも彼女は、またしても父への思慕の思い、断ち切れぬ未練を口にするのだ。結婚を決心したが、どうしても自分は新しい夫との結婚生活で幸せになれるとは思えない。このままお父さんと一緒に暮らす方がずっと楽しく幸せになれると思う、と。

この紀子の告白は、先の父の再婚話を知った彼女が、必死に訴えたあの時の心情と全く変わらない。結婚を目前に控えた、親離れできぬ一人娘の不安、逡巡とはいえ、その繰り返しはいささかくどく、一種の偏執狂《へんしゅうきょう》を思わせる。

ここで専門家の指摘する紀子の性情、エレクトラ・コンプレックスについて一言触れる。心理学でフロイト主義という考え方があるらしい。「男の子というものは、母親に対する潜在的な性的な愛情というものがあって、意識下において父親というものを憎んでいる」。このことをギリシャ神話のオイディプスの伝説にちなんでエディプス・コンプレックスという。これと逆の場合、「女の子の父親に対する潜在的、あるいは深層心理的な愛情というものを、心理学者はエレクトラ・コンプレックス」と呼ぶ。「この映画の中で小津は、女の子の父親に対するエレクトラ・コンプレックスというようなものを描こうとした」（岩崎昶氏、参考文献⑩）。

いずれにしても娘紀子（原節子）の父周吉（笠智衆）への愛情は、異常に映る。しかし近親相姦という禁忌《タブー》にまで発展しなかったのは、ひとえに父周吉の健全な大人の分別があったからだと思われる。

この娘の異常なほどの執着に、父親の周吉はさすがに動じなかった。落ち着いて、静かに優しく諄々《じゅんじゅん》と娘の不安、無知を説諭した。以下は私自身の記憶に基づく。

…………………

お父さんはもう五十六歳で若くはない。老い先は短い。しかしお前はこれから先まだまだ生きねばならない。お前と二人で暮らす幸せは先が見えている。お前は今度はお父さんではなく佐竹君と力を合わせて生きて行くのだ。結婚するからと言って、初めから幸せがあるわけではない。二人が仲良く力を合わせて幸せをつくっていく、それが結婚というものだ。お前のお母さんも嫁いで来た当初、台所の隅で何度もコッソリ泣いていたことをお父さんは知っている。

いいかね。結婚するから幸せになれるのではない。結婚という幸せが初めからお前を待っているわけではない。二人が協力して、努力して幸せをつくる、それが結婚するということなんだ。

解ってくれるね。幸せになっておくれ。お父さんはお前と佐竹君が本当に仲の良い、幸せな結婚生活を送ってくれること、心から祈っているよ。いいね、わかってくれるね。

………………

諄々と説く笠智衆氏のこの時の表情は、娘の幸せを願う「慈父」の化身のようだ。紀子は涙を流しながら、じっと聞き入る。そして静かにうなずく。やがて、わがままばかり言ってすみませんでしたと、詫びる。今度こそ、彼女の父親への、その異常なほどの未練、執着は本当にふっ切れたのであろうか。

ところでこの時、笠氏が紀子に諭《さと》した長い説得の言葉に、私は正直、深い感銘を受けた。観客席からシワブキひとつ聞こえなかったその静寂も、共感の証《あかし》に思えた。見方によっては社会通念をなぞっただけの、極めて常識的で健全な結婚観にすぎない。しかし今の世、これから結婚する若い男女に、これだけ真面目な心構えを説ける親や大人がどれだけあるだろうか。

そんな思いもあって、この時の笠氏の言葉をかつて、私は卒業生や同僚（後輩）の結婚式の祝辞に活用させてもらったことがあった。小津映画のファンであったことが思わぬところで役立ったわけで、その恩恵、余得に私はひそかに感謝した。

娘を嫁がせた父親の寂寥《せきりょう》と孤独……唯一の主題

さて映画のラストシーンとなる。結婚式を無事終えたらしい周吉が寿司屋のカウンターで一杯やっていると、紀子の親友アヤ（月丘夢路）が現れ、横に座って祝辞を述べる。その際、彼女の質問に、周吉は再婚の意志などなく、ああでも言わないと娘は自分から離れてお嫁にいかなかったのだと明かした。一世一代の名演技だったとアヤは、周吉の努力を誉《ほ》めた。

そのアヤに元気を出してと励まされた後、周吉は鎌倉の自宅に一人戻った。紀子も誰もいない。そのひっそりと淋しい家の食卓の前に腰を下ろした彼は、手元にあったリンゴの皮をむきはじめる。そしてそのままの姿勢でウツラウツラと居眠りを始める。これがこの映画のラストシーンである。

ここに来てこの映画の主題が初めて暗示される。娘の結婚（＝親子の別れ）で一人取り残された父親の寂寥と孤独、そして虚無である。

この、人生は独りぼっちという老人の嘆息こそ、晩年の小津作品に共通する主題をなす(『東京物語』『秋刀魚の味』など)。そして実はその主題の繰り返し(マンネリ化)が、私の小津作品への一つの食傷や失望を生むことは先にも述べた。

小津監督の復調を証明する「ベストテン一位」の成功作

とは言え、この『晩春』が、先の『風の中の牝鶏』で「失敗」した小津監督の起死回生の「成功」作となったことは、多くの専門家の指摘するところだ。私自身も異論はない。

結局、私自身のこの『晩春』に対する感想は以下の二点に落ち着く。

その一。この作品の魅力は、冒頭でも書いたように、小津作品に初めて出演した女優原節子氏の魅力(美しさと演技力)に負うところが大きかったことである。

ちなみに補足すれば、この私の感想と同様の評価をされた評論家は少なくない。例えば田中眞澄氏の以下のような評言。

「原節子の登場がこの作品に決定的な印象をもたらしたのは言うまでもない。この作品を支配している父と娘の濃密な感情、抑圧されたエレクトラ・コンプレックスは、この神秘的で内向的なイメージを持つ女優によってリアリティを獲得した。高峰三枝子や高峰秀子では説得力がないのである」(参考文献⑦)

もう一人、猪俣勝人氏（参考文献③）。

「この時期、小津安二郎は原節子と結婚するのではないかという噂が流れたことがある。その真偽は知らない。しかし監督小津安二郎が生まれて初めてスター原節子の中に限りなく美しい女性を見出し、それをフィルムの上に焼きつけることに懸命であったことだけは事実である」

この猪俣氏の指摘は、私が先に紹介した、あの海岸をサイクリングする原氏の天使を思わせる美しい姿を彷彿《ほうふつ》させて余りある。

小津作品の起死回生に貢献した、脚本家野田高梧《こうご》氏

感想のその二。先にも少し触れたが、小津作品はこの『晩春』を契機にガラッと変わったことだ。例えば先の猪俣氏の解説もその点をはっきりと指摘される。

「もうこの映画では、小津安二郎は貧しい裏町の庶民の脇に立っていなかった。典雅な上流家庭の庭の中に、立派な服装をして立っているのである。（略）『晩春』の小津安二郎は、原節子の美しい令嬢の脇に、そっと上品に寄って、静かに教養高い会話をしかける中年紳士に変身していた」（参考文献③）

つまり、小津作品がそれまでの貧しい庶民の世界に背を向け、恵まれた上層市民の優雅

な世界へと移行した、その転機をなした作品が、実はこの『晩春』であった。その事実に私は注目する。
ここではその転機に一役買われた陰の功労者、野田高梧氏（脚本家《シナリオライター》）について一言触れたい。野田氏は、小津監督と「交遊四十年」の旧友、盟友である。その氏の以下の証言（述懐）は貴重である（参考文献⑨）。

……………

（昭和。奥井註）二十四年の「晩春」からは、最後の作品「秋刀魚の味」までズッと僕が協力することになった。
実を言うと、僕は「風の中の牝鶏」という作品を好きでなかった。現象的な世相を扱っている点やその扱い方が僕には同感出来なかった。で、ハッキリそれを言うと、小津君も素直にそれを認めてくれ、そして二人で茅ヶ崎の旅館にこもって「晩春」を書くことになったのである。（以下略）

……………

この一文に、『晩春』以後の小津作品のすべての脚本を担当された（厳密には小津氏との共同脚色）、野田氏の役割や功績の大きさが明らかである。つまり氏は、『風の中の牝鶏』の失敗で混迷の底にあった小津監督に批判・助言の労を惜しまれず、小津氏を甦生、復調させた最大の功労者、つまり同志であった。後の「世界のオヅ」の声望の陰に、この野田氏の功績や存在があったことを小津ファンは忘れてはならないと思う。
野田氏の炯眼《けいがん》は、この親友小津監督の資質や適性を見抜いておられたと、私は推測する。貧者や罪を犯す弱者を扱う「社会批判的な題材」は小津氏に「向かない」ことを（参考文献⑧）。この指摘にも私は共感する。

（完）

⑥『麦秋《ばくしゅう》』（一九五一年）

こんなに美しく仲の良い、温かく幸せな家族があったのか?!

「麦秋」　©松竹株式会社

原節子氏が主演する「紀子三部作」の二作目に移る。小津作品の中で、この『麦秋』は先の『戸田家の兄妹』と並ぶ、私の大好きな作品である。

　この作品を初めて見た時の感動は今も忘れられない。今から半世紀も昔の二十代、私はこの映画を初めて見て、異常なほどの衝撃と感銘を受けた。見終えて何故か涙が止まらず、しばし席を立つことができなかった。

　世の中にはこんなに美しく思いやりに満ちた、こんなに温かく仲睦《むつ》まじい幸せな家族があったのか！　その驚きと憧れ、そして若干の嫉妬。これがその時の正直な感想であった。

いささか私事めくが、私はこんな素晴らしい家族の存在を全く知らなかった。縁がなかったのだ。私にとって家族は常に居心地の悪い、一日も早くそこから脱出したい負の対象、つまり桎梏《しっこく》でしかなかった。大学に入ると、私は逃げ出すように家を離れ、下宿の一人暮らしを選んだ。以後、その家族と同居することは生涯なかった。高慢な言い方だが、今もそのことに悔いはない。

それだけにこの『麦秋』の家族は、私には信じられない、夢のような理想のそれに思えた。私が自分の育った家族に持つ劣等感やトラウマを束《つか》の間忘れさせ、癒《いや》してくれる一種のカタルシス（心の浄化）の世界であった。

しかし、後に私は知る。この作品が描いて見せたそのような理想の家族など、現実にそんなにあるはずはない。あくまでそれは小津監督が創造された架空の世界の家族でしかない。

このことを知って私の羨望《せんぼう》や憧れ、その裏返しとしての劣等感は沈静化した。しかしこの作品は何度見ても愉しく魅力的だ。もし芸術というものの効用が、観客に俗悪な現実を忘れさせ、一つの美しい夢の世界に誘《いざな》うものであるとすれば、私に束の間、忘我と恍惚《こうこつ》の境地を体験させてくれたこの『麦秋』は、まさに映画芸術の極致であったと思う。

北鎌倉に住む間宮一家（三世代）の物語……何不自由ない上流家庭

物語に移る。この作品もまた先の『晩春』同様、北鎌倉の海に近い閑静な住宅地に住む、何不自由のない恵まれた上流家庭、間宮一家の物語（ホームドラマ）である。ただ一つの異なる点、それはこの一家は親子と孫の三世代が同居することだ。

当主の間宮周吉（菅井一郎）と妻志《し》げ（東山千栄子）は祖父と祖母。周吉は退職し、すでに長男夫婦に家督を譲って隠居の身だ。ちなみに長男康一（笠智衆）は、東京の病院に勤める医者で、妻の史子（三宅邦子）と共に実質上この一家を支える中心的存在だ。この夫婦には二人の男の子（実《みのる》と勇《いさむ》）がいる（周吉の孫）。そして、もう一人、この作品の主人公、康一の妹紀子（原節子）が同居する。彼女も兄同様東京に勤務するＯＬ（オフィス・レディー）で、この兄妹は北鎌倉の駅（小津作品では何度も登場するお馴染みの駅）から通勤電車に乗って東京方面に通う。以上の七名が、間宮家に同居する三世代のメンバーの顔触れだ。

映画はまず冒頭、それら七名の間宮家の朝の日常のスケッチから始まる。一つの部屋に、順次一同が集まって来て食事をすませる。大人たち（康一と紀子）は出勤し、孫の実（兄）は元気に学校へ行く（弟の勇は未就学）。そのあわただしい一時《ひととき》がすぎると、史子（専業主婦）は家事にとりかかり、老人（周吉）はカナリアの餌《えさ》を買いに出かける。

そして夜になると大人たちが帰って来て、賑《にぎ》やかな一家団欒が始まる。やがて時間がすぎるとそれぞれが就寝の準備に……。何の変哲もない、ありきたりの健全な日常生活の紹介だ。ただ一点、この経済的にも何の不安もない一家の気がかり（関心）と言えば、後述する二十八歳の長女紀子の結婚問題くらいである。


しかもその娘の結婚がまたしてもこの作品の最大関心事となる。この小津監督の異常とも思える主題（娘の結婚）へのこだわりについては先に述べた。

何故なら娘を持たない親や、種々の理由で結婚したがらぬ娘はゴマンといる今の時世である。小津作品には魅せられても（実際『麦秋』は繰り返すが私の好きな傑作である）、氏の作品のこの主題の旧態依然やマンネリ化に、私はまたかと食傷したことを隠さない。

人生の輪廻《りんね》を描く……監督や脚本の意図

ところで、少し先走るが、小津監督はこの作品で一体何を描こうとされたのだろうか。

私自身は、氏が理想とされる美しい家族の姿を描かれた、と解釈するだけで十分納得する。

ところが監督や脚本家（野田高梧氏）の意図は少し違ったらしい。二人の証言を読んで、私は大いに考えさせられた。例えば……。

「これはストーリーそのものより、もっと深い《輪廻》というか《無常》というか、そういうものを描きたいと思った」（参考文献⑨）。これは小津氏の言葉。さらに野田氏は……。「僕の考えでは紀子があくまで主人公だけど彼女を中心にしてあの家族全体の動きを書きたかった。あの老夫婦（周吉と志げ。奥井註）もかつては若く生きていた。今の笠智衆や三宅邦子がそれだ。今に子供たちにもこんな時代がめぐって来るだろう。そういう人生輪廻みたいなものが漫然とでも感じられればいいと思った」（参考文献⑦）

人生の輪廻を描く。これが両氏に共通する制作意図のようだ。ところで輪廻とは？　この仏教用語は辞典で調べると「衆生《しゅじょう》が三界六道に迷いの生死を重ねてとどまることのないこと」「迷いの世界を生きかわり死にかわること」（『広辞苑』）とあった。しかし難解だ。

ヒントは小津監督の後の作品にあった（『小早川《こはやがわ》家の秋』一九六一年）。作品の最後、物語とは全く関係のない農家の夫婦が川べりで大根を洗っているシーン。近くの火葬場の煙突から出るけむりを見て、二人がさりげなく現世の無常を口にするシーンだ。細かいセリフは忘れたがその主旨は、「あ、また誰か死んだ、若い人やったら可哀想やなあ」。この女（望月優子）のセリフに男（笠智衆）が言う。「いやぁまたジュングリ、ジュングリ生まれてくる……」。これが小津監督の言う輪廻、無常ではなかったか。

つまり人間は次々生まれ、次々死んでいく。この生者と死者の絶えることのない繰り返し。これが輪廻の意味らしい。しかし、だからと言ってこの映画『麦秋』に、その主題を鮮烈に感じさせるエピソードがあったか、となると私には思い当たるシーンがなかった。ところがこの映画を何度も見るうちに、突如ハタと思い当たる発見をした。

それは、間宮家の二男で戦死したことになっている間宮省二の存在だ。この次兄の省二を妹の紀子は大変好きだったらしい。もちろん彼はこの映画で最後まで姿を見せない。しかしこの死んだ次兄が、実は作品の後半で生き返って、あたかも紀子の結婚相手の仲立ちのような役割を果たす。この死者が蘇《よみがえ》り、生者の運命（結婚）を決定することをも、もし広義に輪廻と呼ぶのであれば、先の両氏の意図は理解できたと思った。

兄のすすめる縁談を無視した紀子の決断……家族は仰天、絶句

さてこの作品で唯一の事件、長女紀子の結婚問題に移る。当時二十八歳の彼女の結婚問題は、何不自由のない間宮家で当面唯一の気がかりであった。両親や兄夫婦はそれとなく彼女の気持ちを忖度《そんたく》し、縁談話に気を遣った。

ある時、紀子の会社の上司（佐野周二）が、自分の友人にいいのがいると紹介した。その話を聞いた兄の康一がひそかに調査した結果、これは良縁だと大いに乗り気になった。ところが、その学歴も家柄も申し分のない相手が、独身ではあるが四十歳を超えていることが判明。母親の志げは、娘をそんな年上の男のところへ嫁がせることは何だか可哀想だ

と、やんわりと難色を示した。

康一は自分の乗り気の話に水をさされ、こちらもそんなぜいたくを言える義理かと、母親に珍しく気色《けしき》ばんだ。息子の剣幕に母親はしょんぼりして、二階の夫のもとへ引き揚げた。「ぜいたくかねえ」と、母親は息子に叱られた経緯《いきさつ》を夫にぐちる。夫はそんな妻を、「いいさ、康一だって紀子のことを心配してるんだ」と慰めた。ところが事態は、その夫周吉をも仰天させる意外な展開を見せた。

なんと当の紀子が、兄の勧める縁談を無視してある日、突然結婚すると家族に打ち明けた。相手は間宮家と懇意な、近所に住む矢部謙吉（二本柳寛）という旧知の青年だ。謙吉は妻に先立たれ、女の子が一人いる子持ちの父親で、彼の母親たみ（杉村春子）がその孫の面倒を見ている。

この紀子の奇想天外な告白に、間宮家の一同が仰天、絶句したことは想像に難くない。中でも兄の康一は激怒した。自分がすすめる縁談話に全く耳を傾けず、しかも選《よ》りに選って子持ちの男の後妻になるなんてと、彼は強く反対した。この妹の独断、身勝手を責める気持ちはおそらく家族みんなのものであったろうと思われる。

しかし紀子は動じなかった。「小母《おば》さんにそれを言われた時、すーっと素直にその気持ちになれたの。なんだか急に幸福になれるような気がしたの」。この彼女の落ち着いた弁明に、結局みんなは一応納得させられたようだった。後に紀子が親友のアヤ（淡島千景）

に打ち明けた時にも、彼女は同じように矢部謙吉に対する愛情を好き嫌いではなく、彼のことを「よく知ってるし、この人なら信頼できると思った」からだと吐露している。アヤはすかさず「それが好きだっていうこと」であり、あなたは「惚《ほ》れちゃったのよ」、「本惚れ」なのよ、とこの世間知らずのお嬢さんの無知を諭すのだった。

問題はその紀子と旧知の謙吉との関係である。それともう一つ、紀子が先に口にした「小母さん」云々《うんぬん》の件だ。いずれもこの映画の佳境をなすエピソードとして忘れられない。まず前者から……。

「面白いですね『チボー家の人々』」、「どこまでお読みになって」

この表題は先に紹介した矢部謙吉（二本柳寛）と平山紀子（原節子）が、朝の鎌倉駅ホームで、東京に向かう通勤列車を待つシーンで交わす会話である。近所に住む二人は、こうして同じホームで顔を合わせることはしばしばであったらしい。紀子から借りたのか、薦められたのか謙吉は今『チボー家の人々』（参考文献⑮）にはまっているらしく、先の会話では「まだ四巻目の半分です」と答えている。

このシーンに二人が近所に住む旧知の親友同士であることが見事に暗示されている。さらに言えば、紀子が謙吉のことを「よく知ってるし、この人なら信頼できる」と後に、彼との結婚を家族に打ち明ける伏線をなす。

この「チボー家」云々のシーンは小津ファン、とくに『麦秋』ファンには忘れられぬ印象を残す。私自身がこのシーンに触発されて、フランスの作家マルタン・デュ・ガールのこの大長編小説を読破したこと、そして鎌倉訪問時にこの駅のホームに立ってみたことなど、懐かしい思い出は尽きない。ただ一つ違和感を感じたことも忘れない。

この『チボー家の人々』は、当時の青年たちの間で人気の愛読書であったらしい。それにしてもこの作品は、フランスを中心にした当時の西欧の社会主義運動（反戦運動）の一端（挫折と敗北）を描く。小津監督はこのような小説に興味や関心を持たれるのかと、正直私は訝《いぶか》ったのだ。社会主義運動と小津氏は私の中でどうにもしっくり結びつかないからだ。しかし、この映画が作られた当時の風潮や風俗の一コマだと割り切れば、私の疑念も無用かと考え直した。

もう一つ余談を。この原稿執筆中に、朝日新聞の「天声人語」欄（二〇一四年十月二十七日）が、この北鎌倉駅の二人の「チボー家」云々のシーンを引用していることに私は驚かされた。筆者は「読書の秋」の啓蒙記事の一環に、このシーンを引用しているのだが、私はさすがに小津映画のファンは広いと感心した。本題に戻る。

戦死した間宮家の次男の甦生……妹紀子の結婚を後押しした？

矢部謙吉は、紀子の兄康一と同じ東京の病院に勤める後輩の医者であった。康一が病院の都合で帰宅できない時など、一足先に帰宅するとわざわざ間宮の家に伝令に来る、親切で気さくな隣人であった。彼はやがて秋田県の病院への栄転が決まるのだが、そこには先輩医師、間宮康一の好意、推薦があったようだ。

しかし、私がここで紹介したいのは、謙吉が、実は今は亡き間宮家の次男省二と、幼い頃からの無二の親友であったことだ。彼はある時、紀子を、かつて生前の省二と一緒に通った喫茶店に案内したことがあった。その時、謙吉は省二の思い出話をした。

紀子は、自分が大好きだった次兄の、その知られざる一面の話を食い入るように聞いた。謙吉が戦地の省二から何度か手紙を貰ったと言うと、ぜひ見せてほしいと興奮気味にせがんだ。この時の紀子の、つまり原節子氏のそのキラキラ輝く瞳やいちずな表情を、私は、この映画で一番美しい原氏のシーンだと思った。それは『晩春』のあのサイクリングシーンほどではなかったとしても。

それはまがう方なき次兄を慕う妹の、愛の表出だった。そして以下は私の想像だが、この時次兄の省二は突如甦生し、親友の矢部謙吉に乗り移った、と思った。紀子は、目の前の親友謙吉に次兄の省二の面影を重ねている。つまり謙吉が省二になった、と私は推測した。ここで先に触れたこの映画の主題「輪廻」を想い起こす。死んだ省二が生き返り謙吉となった。紀子は省二を愛するように、今や謙吉を愛している。もちろん彼女の意識の中にその自覚はない。しかし何かきっかけがあれば、彼女は、その省二と一体化した謙吉の胸に今にも飛びこんで行くのではないか。そんな予感がした。

そのきっかけは思わぬ形で紀子の前に現れた。

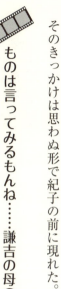

ものは言ってみるもんね……謙吉の母のおしゃべりが紀子の愛に点火

今や謙吉は紀子にとって、最愛の次兄省二の再来と映っていたはずだ。しかし彼女にその愛を告白する勇気などない。これは小津作品の演出上の常套でもある。先にも書いたが、氏は恋愛映画を大の苦手とし、まず描かれない。好意を寄せ合う男女が、正面からその愛を告白するラブシーンなど絶対と言っていいほどない。氏には、男女の愛は当事者が意思表示するのではなく、周囲の親切な第三者が仲介してやることでうまくいく。そんな持論があった。

この作品では謙吉の母たみ（杉村春子）が偶然、ひょんなきっかけからその第三者の役割を果たす。紀子が先に家族に打ち明けた際、「小母さんに言われて」と切り出した、例

「麦秋」

の話がこれに当たる。この作品中最も傑作なそのエピソードを以下に紹介する。

その前に「傑作」だった、その「小母さん」役を演じた杉村春子氏の絶妙な演技力についても一言。人のいい、少しおしゃべりな「小母さん」をこれほど達者に演じて、観客を魅了した女優さんを、私は他に知らない。「間然するところがない」という形容は、まさにこの時の杉村氏の演技力のためにあった、と思わせるほどの、日本映画史に残る名演技でもあった。

その日の夜、紀子は秋田へ栄転することが決まった矢部謙吉の家を、間宮家からの餞別《せんべつ》を届けるため訪れた。謙吉はまだ帰っていない。その時たみは、「実はね、――紀子さんおこらないでね、謙吉にも内緒にしといてよ」と前置きして、自分の胸にたまっている愚痴（本音である）を洩《も》らした。これが思いもせぬハプニングを生むきっかけとなった。

自分はこのまま秋田なんて遠い所に行くより、「謙吉に嫁でも貰って一生ここにいたいと思っている」と。そしてさらに「虫のいいお話なんだけど、あんたのような方に、謙吉のお嫁さんになって頂けたらどんなにいいだろうなんて、そんなことを考えたりしてね」、「ごめんなさい、こりゃあたしがおなかん中だけで考えてた夢みたいな話……おこっちゃ駄目よ」。

ところが、たみのこの愚痴を聞く紀子の表情はいつになく真剣である。彼女は「そう」とうなずいていたが、たみの話が一息つくと「ほんと？　小母さん」と問い返した。以後の二人の対話は、まさにヒョウタンから駒を地で行く、この作品屈指の絶妙の名シーンだ。

紀子「ほんと？　小母さん――」
たみ「何が」
紀子「ほんとに、そう思っていらしった？　あたしのこと」
たみ「ごめんなさい。だから怒らないでって言ったのよ」
紀子「ねえ小母さん、あたしみたいな売れ残りでいい？」
たみ「え？」（と耳を疑うように見る）
紀子「あたしでよかったら……」
たみ（思わず）「ほんと？」（と声が大きくなる）
紀子「ええ」
たみ「ほんとよ！　ほんとにするわよ」（と思わず紀子の膝をつかむ）
紀子「ええ」

たみ「ああ嬉しい！　ほんとね？（と涙ぐんで）ああ、よかったよかった！　ありがとう……ありがとう……」
紀子「…………」
たみ「ものは言ってみるもんねえ。もし言わなかったら、このまんまだったかも知れなかった……。やっぱりよかったのよ。あたしおしゃべりで……。よかったよかった。あたしもうすっかり安心しちゃった。――紀子さん、パン食べない？　アンパン」（参考文献⑧）

以上が、先に紀子が家族に弁明した「小母さんにそれを言われた時、すーっと素直にその気持ちになれた」「幸福になれるような気がした」、その真相であった。しかし繰り返すが、そこには紀子の内心に、決して口には出せない結論がすでに芽生えていたと、私は推測する。矢部謙吉は紀子の大好きな次兄省二の、実は輪廻による再来であったと思われる。たまたま謙吉の母たみが、その紀子の胸の扉を開いてくれた。そのお蔭で紀子の謙吉への愛は実現したのだ。

小津作品の「四番バッター」は？　……岡田茉莉子氏の興味深い質問

ここで一つ余談を。杉村春子氏の先の名演技に触れたところで、女優岡田茉莉子氏の興味深い証言を、その自伝（参考文献⑬）より紹介させていただく。周知のように氏は、サイレント時代の二枚目男優、故岡田時彦氏の令嬢である。しかし時彦氏が彼女の誕生後間もなく病により夭逝《ようせい》されたため（享年三十一歳）、茉莉子氏に父の記憶は全くなく、氏が父の存在を知ったのは、後に時彦氏の映る映画を観た娘時代からであったらしい。

注目はこの岡田時彦氏が、実は小津氏と同じ年齢だったこともあり、二人はかつて無二の親友、盟友であったことだ。小津監督のサイレント作品に岡田氏が二枚目スターとして何度も主演されていることは私もビデオで知っていた（『その夜の妻』『東京の合唱』など）。

そのため小津監督は茉莉子氏をかつての親友の娘という格別の目で見られ、いつも「お嬢さん」と呼び、慈しまれたようだ。後に茉莉子氏は亡くなる直前の小津氏の病床を見舞われた。その時小津氏がしみじみと「お嬢さんには、世話になったね。それも親子二代、世話になった。ありがとう」と、亡き岡田時彦氏と令嬢の茉莉子氏に感謝の言葉を述べられたという。

私はこの一節、小津氏の、先立って逝《い》った盟友時彦氏を偲ぶ、その友情と恩誼《おんぎ》の深さに目頭が熱くなった。しかしここで紹介したいのは茉莉子氏と小津監督の元気な時の、気のおけない会話の一節である。茉莉子氏は「お嬢さん」であるため、この名匠とは遠慮のない会話のできる稀有な女優さんであったらしい。以下はある作品完成後のお祝いの宴席での一節。

…………………私は小津さんの隣で、楽しくお酒を飲んでいた。やがて、少し酔ってもいたのだろうか、「これまで監督の作品に出た女優のなかでは、誰が四番バッターだと思います？」と、私は小津さんが好きな野球にたとえてお訊きした。小津さんは迷うことなく、「それは杉村春子だよ」と、おっしゃった。

「杉村さんのどこがですか？」と、私がお尋ねすると、それには直接答えられずに、「四番がいなければ、野球にならない」といわれただけだった。「それでは私は、何番バッターですか？」と、お訊きすると、「お嬢さんは一番バッター、トップ・バッターだね」と、楽しそうに笑われた。（以下略）…………………

ちなみに補足すると茉莉子氏は別の個所で、「私は小津さんが、四番バッターは原節子さん、そういわれるだろうと思っていた。それが意外なことに、なにも迷われずに脇役の杉村春子さんの名をあげられた」と、正直にその拍子抜けの感想を記されている。小津ファンには実に愉快で貴重な証言だと、あえてここに紹介させていただいた。

その杉村春子氏。私などが言うまでもなく、氏は日本の演劇界屈指の名女優である。文学座の結成に参加され、『女の一生』などの代表作で知られる氏は、新劇界の大御所的女優さんである。いや新劇だけではない。氏は映画にも数多く出演されていて、とくに戦後の小津作品では、名脇役として欠かせぬ名優であられた。先の『晩春』に始まる紀子三部作はもちろん、小津監督の遺作となった『秋刀魚の味』でも、父の犠牲となった哀しい娘を演じて秀逸であった。まさに小津作品の「四番バッター」。新劇出身の女優さんで、氏ほど日本映画に貢献された方を、私は他に知らない。

別れ別れになる間宮一家……記念に全員の写真を撮るラストシーン

さて、いよいよこの作品の感動的なラストシーンである。紀子の結婚が決まり、彼女は矢部謙吉一家と共に秋田へ去る。妹が家を出たことで兄の康一も、かねてよりの念願の自宅開業医に踏み切る決心をした。

となると周吉、志げの老夫婦も、周吉の実兄の茂吉（高堂国典）からかねて話のあった奈良の郷里に転居することになった。「ヤマトはええぞ」と口癖のようにすすめた茂吉の実家に二人は同居することに決めたのだ。

かくて紀子の結婚を機に、間宮一家はあわただしく離散する運命となる。仲の良かった一家が別れ別れになるその最後に、家族一同の記念写真を撮ることになった。この記念撮影のラストシーンがまた素晴らしい。この映画が描いた仲の良い幸せな家族を象徴する名シーンだ。

「麦秋」　©松竹株式会社

写真屋のカメラに向かって、間宮家の親子三代の全員（七人）が正座する。観客は写真屋の位置に立つため、三代全員の姿を正面から眺めることになる。スクリーンに映し出された彼ら七人の姿——少し改まって緊張している——を、正面から仰ぐように見つめる。

改めて間宮一家と正面からの対面となり、私は不覚にもこみあげてくる涙を抑えられない。こんなに仲の良い、こんなに思いやりにみちた幸せな一家とも、これが最後のお別れだ。その感慨が観客の胸に迫る（上のスチール写真参照）。

と、紀子が機転を利かせて、もう一枚、今度は両親だけの記念写真を注文した。彼女にしてみれば色々心配をかけたあげくに、最後は自分のわがままを許してくれた、そして快く祝福してくれた両親に、格別の感謝と惜別の思いがあったのであろう。

家族全員が見守る中、少し照れながら、それでも表情をひきしめてカメラを正視する、菅井一郎、東山千栄子両氏の老夫婦がいい。すかさず紀子が声をかける。「お父さん、お母さんステキよ！」。一同も同意の笑顔で二人を祝福する。娘や息子夫婦、そして孫たちから、これほど愛され、慕われ、祝福されて生涯を終える両親がかつてあっただろうか。まさしく人生の至福、家族の理想がここにあった。小津監督が信条とされる家族愛絶対主義の見事な開花、結実のシーンだったと思う。

尤《もっと》も私自身は、その家族至上主義という考え方（思想）には共感を持たない。むしろ反発や疑問を強く持つものであることは、冒頭の序論（「小津監督を偲ぶ」）でも書いた。そのため、その理由などについては略させていただく。

いずれにしても、間宮一家のその至福も、家族が離れ離れになっていく明日からはない。愛別離苦という言葉が思い浮かぶ。小津監督が意図された「輪廻」や「無常」が、この家族全員の記念撮影にも象徴されていると、私はまた感心した。

（完）

⑦『東京物語』（一九五三年）

内外の評価「第一位」の世界的名画……小津監督の最高傑作

さて小津作品の紹介も、この『東京物語』をもって最後とさせていただく。原節子氏主演の「紀子三部作」の掉尾《ちょうび》を飾る傑作である。

作品紹介に先立って、まず触れねばならないことは、この作品の国内・海外におけるその評価の高さであろう（共に第一位の栄誉）。

まず国内。先年（二〇〇九年）、映画専門誌「キネマ旬報」が、日本の映画史上のベストテンを発表した。その第一位はこの『東京物語』であった。ちなみに二位は『七人の侍』（黒澤明監督）、三位は『浮雲』（成瀬巳喜男監督）であった（同年十一月二十一日の朝日新聞より）。

国内だけではない。海外（＝世界）においてもこの作品の評価は非常に高い。ロンドンの映画祭（一九五八年）で、その年度の最優秀作品に与えられるサザランド賞を受賞。これをきっかけにこの作品は外国にも広く知られるようになり、一九七二年にはニューヨークでも大ヒットし、アメリカで小津ブームが起き（参考文献①）、映画関係者を狂喜させたらしい。

私がとくに注目するのは、ロンドンで発表された「世界の名画ベストテン」で、この『東京物語』が当初は「二位」にランクされ、さらに後年の発表では、当初一位だった『市民ケーン』（オーソン・ウェルズ監督）を抜いてついに「一位」に君臨したという新聞報道だ。

つまり『東京物語』は今や、国内・海外を問わず、世界の専門家が認める、文字通り世界「一位」の名画と呼んで過言ではない。評論家の佐藤忠男氏が「世界の映画のひとつの頂点」に立つ作品だと激賞されている（参考文献①）のも、私は納得する。

日本国民の一人として、また小津ファンの一人として、この『東京物語』の世界の映画史に占める快挙や栄誉は、永く記憶にとどめられていい、と私自身、嬉しく誇りに思う。

家族の崩壊を見つめたリアリズムの傑作

専門家の評価の高い傑作であることは概観《がいかん》した。それでは私自身、この作品をどのように受けとめるのか。傑作であることにもちろん異論はない。

表題に記したように、私はこの『東京物語』は、小津監督のかつてのリアリズム志向

――現実を直視し、人間の永遠の真実を追求――が復活した、久々の力作だと拍手を送りたい。

その現実、真実とは？　氏が生涯の理想とされた家族愛、家族信仰の、無惨な崩壊である。親子や兄妹の愛、そして幸福の、そのはかない愛（幻想）の終焉《しゅうえん》である。

私は想い起こす。氏はかつて『一人息子』（最初のトーキー作品）で、冒頭に芥川龍之介氏の箴言《しんげん》「人生の悲劇の第一幕は親子となったことにはじまっている」をスクリーンいっぱいに引用して映し出された。この芥川氏の言葉は、むしろこの『東京物語』の最後にこそふさわしかった、と私は思った。

尾道《おのみち》に住む老夫婦が、上京して息子や娘に逢《あ》いに行く

物語に移る。尾道（広島県）に住む老夫婦、平山周吉と妻とみ（笠智衆、東山千栄子）は、おそらくこれが最後の機会になるだろうという思いで、息子や娘の住む東京に出て来た。彼らがそこで見たものは？　これこそがこの映画の主題をなす。

息子の長男幸一（山村聡）は、東京の場末で開業している医者で、妻の文子（三宅邦子）ともども、やさしく両親を迎えた。しかし、個人医の彼は仕事が忙しくなかなか時間が取れない。それでも休日に子供たちを連れて、両親と一緒に東京見物に出かける準備は

怠らなかった。

ところがその日の朝、急患が出て往診を頼まれた。立場上幸一は断れない。東京見物は中止となった。楽しみにしていた子供たち（二人）のとくに兄（中学生らしい）は、いつもこうだとプンプンむくれる。が老夫婦は息子幸一の立場を理解し、周吉は上着を脱ぎ、とみは孫たちをなだめ、下の孫を連れて近くの空き地へ散歩に出る。

「東京物語」　©松竹株式会社

結局、長男は、美容師をしている長女志げ《し》（杉村春子）とも相談し、戦死した次男の嫁で、会社勤めをする未亡人の紀子《のりこ》（原節子）に、東京見物の案内を頼む。紀子は会社に休暇が認められると、快く引き受けてこの義理の両親（舅《しゅうと》と姑《しゅうとめ》）を案内した。

紀子は二人を連れて、観光バスで東京の名所をまわる。デパートの屋上にも上がり、最後は自分の狭いアパートに両親を招き、心尽くしの夕食を準備した。酒好きの舅のため、気を利かせた彼女は、隣の部屋の女性から酒を借りて来る。舅の周吉が嬉しそうに盃を口に運ぶ、その至福の表情が印象に残る。

何故か老いた両親を邪険に扱う長女志《し》げ

次に老夫婦は長女志げの家に移る。長男の家ばかりに厄介はかけられないという二人の配慮からだ。志げは自宅で美容院を営む。夫（中村伸郎）は気のいい、文字通り髪結いの亭主のような男だが、外回りの仕事を持っていて、妻の両親にお土産を買ってきたりして何かと気を遣う。

問題はこの美容師の長女志げである。夫の買ってきた土産の煎餅《せんべい》に、こんな上等でなくていいのよ、もっと安物で……と露骨に不満を言う。彼女は、両親への優しさや思いやりに欠ける、ワガママ娘である。老母のとみが後に、あの娘《こ》も小さい頃は気の優しい子だったのに……と、そのあまりの変わり様に嘆息する。

それほど彼女の両親に対する態度は邪険、つっけんどん過ぎ、当の両親以上に観客の方がハラハラさせられる。この長女を演じるのは杉村春子氏。先に紹介した小津作品の「四番バッター」である。ここでも生意気で思いやりに欠ける、わがままな長女を演じて達者だ。

しかし、私は正直に言ってその志げの強烈過ぎるアクの強さにいささか辟易《へきえき》した。実の娘の非情を強調するための演出や脚本（野田高梧氏）のせいかと慮《おもんぱか》ったが、違和感は禁じ得なかった。

熱海《あたみ》の温泉に追いやられる老夫婦……喧騒に堪えず一夜で帰京

その長女志げが、兄の幸一とも相談し、金を半分ずつ出しあって、両親を熱海の温泉に保養に行ってもらう計画を立てた。しかし保養は口実で、実は彼女は、自宅で同業者の寄り合いのある晩に両親がいると邪魔なのだ。そのため志げは、知人から得た情報を確かめもせず、静かでいいところだと一方的にまくしたて、かくて二人を体よく追い出してしまった。これが事の真相であった。

ところが、その旅館はひどかった。隣室で一晩中マージャンに興ずる若い客たちの談笑が絶えない。そのあまりの喧騒にとても眠れたものではない。これは若い者の来るところだと、蒲団の中で呟く老父、黙って堪える老母の苦渋の表情が哀れをさそう。

翌朝早く、よく眠れなかった二人は、海岸を散歩する。その時、腰を上げかけたとみが一瞬、めまいを感じフラフラとする。この時は大事に至らなかったが、しかし、尾道への帰郷後、間もない老母とみの急死は、この時の疲労が一因をなしたことは明らかだ。娘のおためごかしの熱海保養が老母の命を縮めた。この皮肉に痛烈な風刺がある。

さて、二人は、予定より一日早く長女の家に帰って来た。保養どころか疲れきった二人にそれ以上の逗留の意思はなかったからだ。ところがこれがまた長女の気に入らない。今晩寄り合いがあるのだから、どうしてもう一日泊まってこなかったのかと、彼女は露骨に不満を隠さない。困惑、意気消沈する二人。

結局二人は、長女の詰問調のその剣幕の烈しさに圧倒されて、何ら言い返すことなく、「それは悪かった」と謝り、今着いたばかりの美容院をまた出て行く破目となった。

それにしてもこのシーン、いささか異様に過ぎないか。私は疑問、不満の思いを禁じ得なかった。

とうとう宿無しになってしまった……父親の嘆きが象徴する異常

ここで私は一言、この作品への不満、疑念を挟む。長女の家の都合で、到頭《とうとう》そこを出る破目となった老夫婦は、慣れない東京の地で、当然のことながら途方に暮れた。「とうとう宿無しになってしもうた」と嘆く父親の言葉が、事態の異常を象徴する。私は二つの疑問、不自然を感じた。

一はこの両親の、娘の身勝手さに対するあまりの従順、弱腰への疑問、怒りである。娘が自分の仕事の都合を理由に両親に文句を言うのなら、何故彼らも自分たちの災難の苦痛を正直に言ってやらないのか。娘の紹介した熱海の旅館の騒々しさ、あるいはそれに無知な娘の迂闊《うかつ》さなどをどうして教えてやらないのか。これも老いたりとはいえ、尋常の親なら当然の責務ではないのか、と私は不満である。

もう一点。田舎からわざわざ上京して来た老いた両親を家から追い出して平然と放置する、娘（志げ）や息子（幸一）ら平山家の子供たちの無神経、無責任も私には理解できない。どこの世界に、何年振りかでわざわざ自分たちを訪ねて来てくれた老いた両親を、自分たちの都合で追い出し、「宿無し」にする子供があろうか。ここにも、この物語の不自然さが目立つ。

勘繰《かんぐ》れば、それは娘のワガママや身勝手に翻弄《ほんろう》される老いた両親の不幸や悲劇性を強調するための布石、と考えられぬこともない。それならこの映画はせっかくのリアリズム映画として一つの過失を犯したことになる。作品の主題を強調するための作為や思惑が優先し、肝心の細部のリアリティー（実在性）が説得力に欠けるからだ。

私は平山老夫婦の、長女の理不尽に唯々《いい》諾々《だくだく》と従い堪える、その一方的な屈従の姿勢に、正直言って卑屈に近い不自然さと作為を感じ、不満である。あえてこの世界的名作の持つ、唯一の瑕瑾《かきん》だと指摘させていただく。

母親は紀子のアパートに泊めてもらった……生涯忘れられぬ感激

さて宿無しになって途方に暮れる老夫婦の、その夜の顛末《てんまつ》に移る。夫の周吉が一計を案じて妻に言う。お前は紀子（戦死した次男の嫁）のアパートに泊めてもらえと。「お父さんはどうなさる？」とすかさずとみが心配する。すると夫は、旧友の服部さん（十朱久雄）を訪ねてみると気丈に言って、妻を安心させた。

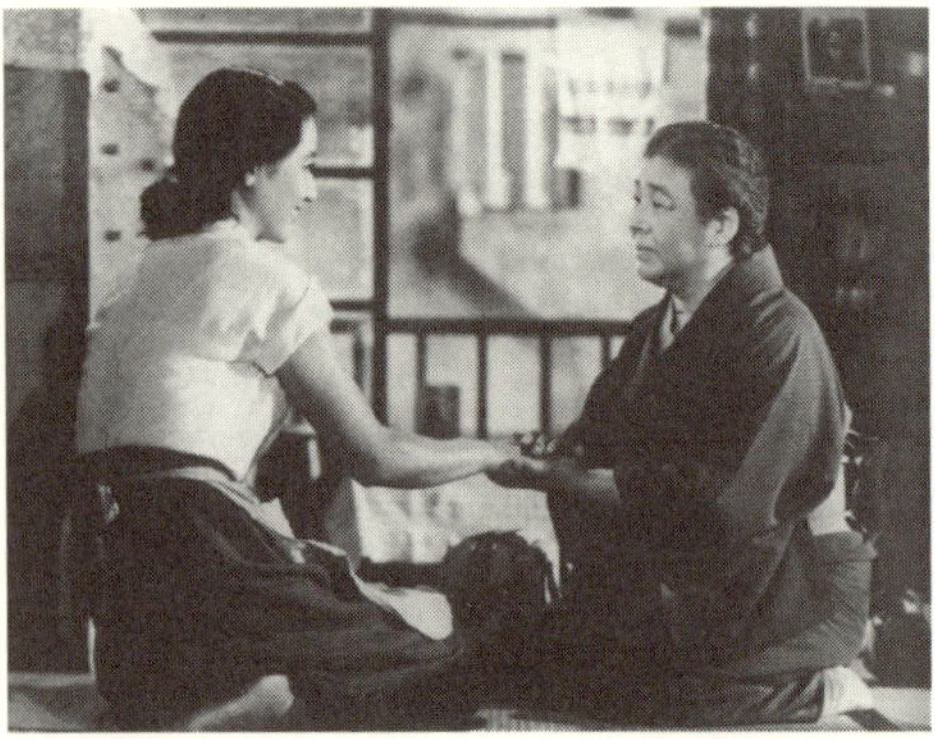

「東京物語」　©松竹株式会社

かくて二人はその夜、別行動を取り、好対照の一夜を明かすこととなった。その二人のそれぞれの物語がこの映画の圧巻のクライマックスをなす。

まず母親のとみ。彼女は紀子のアパートで温かく迎えられ、精一杯のもてなしを受け、生涯忘れられぬ一夜を過ごした。

とみは、紀子が今でも亡き次男（夫）の写真を机の上に大事に飾っているのを見て、改めて胸を突かれた。そして、もう次男のことは忘れて、あなたもいい人が見つかれば再婚して、幸せになってほしいと懇願した。その義母の願いを紀子は有り難く受けとめた。

一方、紀子は姑へのやさしい思いやり、心遣いを忘れなかった。就寝前のとみの肩をもみほぐしたり、翌朝、二人が一緒に部屋を出る際には、そっと心ばかりの「お小遣い」を差し出して、とみを困惑させた。

「イケン、イケン、そんなことは。私の方こそがあなたにあげなければいけないのに」と、とみは固辞した。しかし、自分のことを衷心から思い、親切にもてなしてくれる紀子の優しさや思いやりを思うと、無下に断ることもできず、「そうですか、それじゃ有り難く頂戴します」と、それを押し頂いて、目頭を拭《ぬぐ》うのであった。

この時のとみの感謝の気持ちは、後に彼女の死後、夫の周吉が改めて紀子に伝えている。亡き妻にとって生涯忘れられぬ感激の一夜であったらしいと。

父親は旧友と飲み明かした……深夜、長女の家に酔態をさらす

一方、宿無しとなった父親周吉の顛末である。彼は旧友の「服部さん」を訪ねた。しかし服部は、息子を戦争で亡くし、今は老妻（長岡輝子）と侘《わ》びしい二人暮らしだ。生活も決して楽ではないらしく、自宅の二階を学生に貸して生計の足しにしているありさまで、

とてもこの旧友に寝室を提供する余裕はなかった。

そこで服部は、わざわざ自分を訪ねて来てくれた平山周吉に気を遣い、もう一人共通の友人沼田（東野英治郎）を呼んで、三人で今夜は飲み明かそうと馴染みの店に案内した。つまり、何のことはない、父親の方はその夜、旧友三人であちこちの店を飲み歩き、すっかり酔っぱらってしまったのである。

ところで小津作品では、飲んだり食ったりするシーンがやたらに多い。とくに男たちが料亭や小料理屋、バー、そしてこの作品のおでん屋のようなところで痛飲、放談し気炎を上げるシーンは、小津映画の常套である（ちなみに氏の酒豪は有名）。しかもそれらがいずれも秀逸に面白い。

この作品でも三人が辿り着いた最後の「おでん屋」で、店の女将《おかみ》（桜むつ子）から、もういい加減にして帰ってくれと苦情が出るほど、三人はくだを巻く。そのシーンは圧巻の面白さがある。私はその中で平山が口にしたキラリと光る名言が忘れられない。が今は措《お》き、話の先を急ぐ。この夜の二人の酔漢（平山と沼田）が前後不覚になって倒れ込んだその家が面白い。

映画のシーンはガラッと一変する。真夜中のひっそりと寝静まった長女志げの美容室が映し出される。ドアをたたく警官の声に、就寝中の志げは何事かと目を覚ます。夫も目覚めた。ドアをあけると、なんと警官がフラフラになった男二人を案内して来たのだ。父親の周吉と、志げの全く知らぬ男（沼田）が、足元も定まらぬ千鳥足で、美容室の二台の椅子に倒れこむように腰かけるや、そのまま前後不覚に眠ってしまった。

志げは一体どうしたのかと詰問する。が二人の酔っ払いにまともな反応はない。父親は眠り込み、彼女の知らぬ連れの男（沼田）はウー、アーと奇声を発し、時たま「アー、ユカイ（愉快）、ユカイ」と訳の解らぬオダをあげるだけでやがて眠りに落ちる。

結局、志げは夫にも手伝ってもらい、この深夜の闖入者二人の面倒を一切見ねばならぬ破目となった。二人の男を椅子から引きずり下ろし、急遽準備した夜具に寝かせながら、彼女はさんざんに毒突き、愚痴る。

子供の頃、父親の酔っ払いには随分悩まされたこと、これだからお酒のみは嫌いなの、などとプンプン怒りながら日頃の愚痴を言いつのる。ところが二人の酔漢には全く通じず、彼らは気持ちよさそうに、アーウーを繰り返す。

この志げの怒りと男たちの馬の耳に念仏の好対照が何とも愉快で、観客席から笑いが絶えない。どうやらこのユーモラスなシーンには痛烈な風刺の棘《とげ》が秘められている。昼間、自分勝手な都合で両親を追い出し、宿無しにさせた長女の、その親を親とも思わぬ高慢、邪険な仕打ちに対する父親周吉の痛烈な「しっぺい返し」である。そう解釈すると先の瑕《か》瑾《きん》にもいささか合点がいく。周吉は娘の志げの昼間の仕打ちに一見従順、寛容に堪えた。しかし内心はその驕慢・無礼に腸《はらわた》が煮えくり返っていたのではないか。それがこの深夜の痛烈な意趣返しとなった。浅慮な志げにはそこまで理解が及ぶことは無論無理であったろうが。

酔っ払いを演じたら絶妙……東野英治郎氏

ここで余談を一つ。小津作品には脇を固める名優の巧《うま》さを見る愉しみがある。その筆頭は、氏の作品に一番多く出演された笠智衆氏（後述）であり、次に「四番バッター」の杉村春子氏だ。その他中村伸郎氏、桜むつ子氏なども忘れられない。

しかし、三番目に私は東野英治郎氏を挙げたい（参考文献⑭）。氏はこの『東京物語』が小津作品への初めての出演だが、以後、『お早よう』『秋刀魚の味』にも出演された。

この俳優座出身の御大《おんたい》に私が惹かれるのは、何と言っても、その酔っ払い（とくに泥酔した）を演じたら他の追随を許さぬ絶品の巧さ、おかしさである。この『東京物語』では、志げを演じる名優杉村春子氏との、その全くかみ合わぬトンチンカンなやり取りが最高に面白い。

「ちょいと、あんた！」と、志げが声をとがらせて、その見知らぬ酔漢（東野氏）の頭をこずく。ところが椅子の中の東野氏は前後不覚で、「あ？　……アー……ユカイ……実にユカイ」と、相手の怒りなどどこ吹く風と全く取り合わない。

業を煮やした杉村氏が「ほんとにしょうがない人ね」と、東野氏の帽子（ソフト）を持ち上げ、それをたたきつけるように相手の頭に深くかぶせてしまう。帽子で顔をおおわれた東野氏は全く気付かず、何事もなかった子供のようにうつむいたまま眠り続ける。観客のクスクス笑いが頂点に達する名シーンだ。

ちなみに評論家の佐藤忠男氏は「涙が出るほどおかしい」と絶賛されている（参考文献⑧）。それほど東野氏の酔っぱらいぶりは巧く、堂に入っている。この氏の絶妙の泥酔ぶりは、『秋刀魚の味』（小津監督の遺作）においても再現され、観客を魅了する。

聞くところによると氏はお酒を嗜《たしな》まれないという。その下戸《げこ》の氏が、上戸《じょうご》を演じたら当代無比。私は俳優というものの奥義の一端を教えられたと思った。

「それは親の欲というものじゃ」……小津監督の人生哲学

さて先に予告した三人の酔っぱらいが、おでん屋でくだを巻くシーンに戻る。酒に弱い服部はもう飲めないと船を漕《こ》ぐ。元気な沼田が、狂言回しよろしくよくしゃべる。彼は相手が旧知で気の置けない平山であるため、日頃思っている息子の不甲斐なさをくどくどと愚痴る。そしてつくづく言う。「子供というものは思ったほどやってくれませんな」。さらに続けて、「そこへいくと平山さん、あんたとこは息子さんが医者になられて、実に立派だ、羨ましい」と。

これに対して、それまで沼田の愚痴を黙って聞きながら、黙々と盃を重ねていた平山が、たまりかねてついに本音を洩らす。「沼田さん、うちだって同じだ。長男は確かに医者になった。しかし自分が考えていたほどには偉くなっていない。東京の郊外の小さな町医者にすぎない」と。

「しかし」と平山は続ける。その後が沼田とは違う。沼田は酔眼をぱちくりさせて聞く。「東京は人が多い。多過ぎて息子たちも大変らしい。親は子供の立派な姿を夢見るが、子供も怠けているわけではない。頑張ってはいるが、この人の多い東京では大変なのだ。沼田さん、わたしだって不満だ。もう少し頑張ってくれているものと思っていた。しかし、それは所詮『親の欲』というものじゃ！」

親の欲。この言葉こそ、先に予告した平山のキラリと光る名言であった。映画『東京物語』で、私が目を啓《ひら》かれた珠玉の言葉の一つがこれであった。それは小津監督の人生哲学の一端をうかがわせて私には感銘深い。

氏は、世の親が共通して持つ、わが子への無意識のうちの過度の期待、幻想、虚栄を、親の欲だと戒められている。まさに目から鱗《うろこ》が落ちる金言だと、私は自らを省み、肝に銘じた。

ところで予想される反論がある。親が子供の出世や栄達を期待し願うことは、つまり親の欲というものは、所詮親の本能、本質ではないか。それを否定するなら親をやめるしかない。

これも尤もな意見である。ここで唐突だが私は、小津監督が生涯独身を通し、ついに自分の子供を持たれなかった私生活を想起する。子を持たなかったがゆえに、親となることがなかったがゆえに、氏は親の欲がもたらす醜い我欲、妄執がよく見えた。親の欲が子供を不幸にする悲劇を、妻帯者でなかったがゆえに氏は冷静に見据える、つまり客観視することができた。そういうことではなかったか。

ちなみに氏は、自身のご兄弟や妹さんの子供に対してはとても優しく、可愛がられたと聞く。あるいは若くして逝った松竹の二枚目男優、佐田啓二氏の二人の子供（中井貴恵、貴一の両氏）に対しても、幼少の頃より自分の子供のように溺愛《できあい》された、その子煩悩ぶりは夙《つと》に有名だ。

他人の子供に対しては距離を置いて可愛がることができる。それは親の欲の妄執を免れているからではないか。僭越だが、氏の独身の生涯にはそのような親の欲への忌避も一因をなしていたのでは？　と私は臆測してしまった。

母親の死で顕在化する一家の亀裂と崩壊

話を戻す。いよいよこの映画のラストシーンに移る。尾道に帰った母親、平山とみが脳《のう》溢血《いっけつ》で倒れ、昏睡《こんすい》状態に陥った。母親危篤の電報に、東京の子供たちは急遽、尾道に駆けつけた。しかし彼らの見守る中、ついにとみは意識を回復することなく息を引き取った。大阪から遅れて来た三男敬三（大坂志郎）だけが、とみの死に目に間に合わなかった。

葬式がすんで家族一同がそろって食事をする。このシーンから平山一家の亀裂が表面化する。まず父親の周吉が子供たちに改めて礼を言った。忙しいところをありがとうと。しかし母親を失った一家の深い悲しみは長くは続かない。

子供たちのそれぞれの思惑や都合が早速話題の中心となる。母親の形見の着物を貰っていいかと現金な長女志《し》げ。帰りの列車の時間を気にする長男幸一。そしてそれに早速便乗する長女や三男。

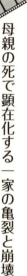

子供たちのあわただしい帰りの準備の会話に、父親は「そうか、もう帰るのか」と落胆を隠さない。一家の中に、彼の内に秘めた寂寥感や失望を思いやる気色は微塵もない。三人の実子はそそくさと東京や大阪に帰って行った。

結局、最後まで残って、後始末を手伝ってくれたのは亡き次男の嫁（未亡人）紀子だけだった。末娘（二女）の京子（香川京子）――尾道で小学校の教員をしている――が、そそくさと帰って行った兄や姉を、みんな自分勝手で冷た過ぎると憤慨する。

　すると紀子はそんな京子を、みんなそれぞれ生活があるのだから仕方がないと、そっと慰めるのだった。しかし、その紀子も東京に帰らねばならぬ日が来た。朝、小学校への勤めに出る京子に、紀子は別れの挨拶の中で、ぜひ東京に遊びにいらっしゃいと、この義妹を励ますことを忘れない。京子は機嫌を直し、明るい表情で義姉の好意に感謝しつつ、出勤する。それを見送った紀子も、いよいよ最後に、庭から戻って来た義父の周吉に別れの挨拶をする時が来た。この映画一番の圧巻のラストシーンが始まる。

血のつながらぬ他人同然のあなたが、一番親切にしてくれた

　紀子（原節子）は改めて義父に最後の暇乞《いとまご》いを告げた。すると義父周吉（笠智衆）は、紀子のきちんとした挨拶に、まず、「あなたには本当によくしてもらった」と、こちらも改めて感謝の言葉を返す。そして生前の妻とみが、かつて東京の紀子のアパートで言ったのと同じ言葉を贈る。

「次男のことは忘れて、あなたも良い縁談があれば、私たちに気兼ねせず再婚してほしい。あなたの幸せを祈っている」と。観客席のあちこちから早くも嗚咽《おえつ》が漏《も》れる。

「東京物語」　©松竹株式会社

紀子も正直に自分の胸の内の一端を明かす。自分も亡き夫のことばかり考えているわけではない。このまま一人でいたらどうなるのかと不安な気持ちになると。そして彼女はさらに、その将来への不安や迷いを、「私、ずるいんです」と自嘲する。

しかし老父は、「いや、ずるくない、それでいいんだ」と理解を示し、「あなたは正直な人だ」と、むしろ彼女を誉めるのであった。そしてこのあと、周吉は、表題に掲げた彼自身の胸中の本音をしみじみと感慨をこめて吐露するのだ。

「いやぁ、不思議なものだ、血のつながる実の子供たちより、血のつながらない、言わば他人同然のあなたが一番親切にしてくれた。妻もそのことを心から喜び感謝していた。いや、本当にありがとう、ありがとう」と。

この時の義父を演じた笠智衆の慈顔は、一種「東洋の叡知《えいち》」を思わせる気品と神々しさに充ちていた。その温和で優しい周吉の言葉に、紀子はたまらず、顔を蔽《おお》い泣きくずれてしまう。いや紀子だけではない。観客席も同じで、ハンカチで目頭を押さえる人々ばかりだ。もちろん私も例外ではなかった。

しかし義父だけは微塵も涙を見せない。そのいつもと変わらぬ淡々とした平静さは、人生を達観したまさに聖者の風格と気品があった。彼はふと思い立つと、生前の妻が愛用していた時計を持ち出して来た。

これをぜひあなたに受け取ってほしいと、彼は紀子の前にそれを置いた。恐縮する彼女に、義父は例によって淡々と、この妻の形見はあなたが貰ってくれるのが一番ふさわしい、きっと妻も喜ぶはずだと、言葉を添えて手渡した。

その際、周吉は、妻が何度も口にしていた、彼女の東京旅行の一番の思い出について礼を言うことも忘れない。「あなたのアパートに泊めてもらったことが、妻は一番嬉しかったようで、私からもお礼を言う。いやありがとう、幸せになっておくれ」と、義父は繰り返して言う。

このクライマックスシーンの最後は、東京に帰る汽車の中の紀子の大写しだ。義母とみの形見の時計を胸に抱きしめた原節子氏のアップだ。その紀子の乗った列車の通過時刻を予測した京子（香川京子）が、授業中の教室で生徒に作業をさせる合間に、そっと窓辺に寄り見送る。眼下を白煙を吐いて列車が通過して行く。

彼女にとっても一番親切で優しかったのは、実の兄でも姉でもなく「血のつながらない、他人同然」の義姉紀子であったのだ。

ところで先の周吉の言葉、「血のつながらない、他人同然」の紀子が、「血のつながる実の子供たちより」「一番親切にしてくれた」は実に暗示に富み、含蓄がある。

この言葉を周吉に言わせるために実はこの映画『東京物語』はあった。と言っても大袈裟ではないほど、まさにこの作品の主題――家族の解体――を象徴する名言だと思った。

所詮、家族の絆とはその程度のもの。ここには家族の理想を描き続けた小津監督の、冷めた諦観がうかがえ、私は共感を覚えた。それは氏のかつてのリアリズムの復活を思わせ、私はいたく感動した。先の「親の欲」発言と共に、この作品に関する限り、私は小津監督の人生哲学に大いに感銘を受けたことを付記したい。

平山周吉の孤独と寂寥……ラストシーン

そしてラストシーン。妻は先に逝き、紀子は東京に去った。末娘の京子は今は同居中だが、その彼女とていつかは結婚し、自分から離れて行く。人生の常とはいえ、今や周吉は天涯孤独、全くの独りぼっちとなった。そんな周吉を点描して映画は終わる。

無聊《ぶりょう》をかこつ周吉に、通りかかった隣家の細君（高橋豊子）が声をかける。「おさみしいことで」と。と周吉が言葉を返す。

「いやあ、日が長《なご》うなって困ります」

「こんなことになるなら、気が利かない妻《ヤツ》だったが、もっとやさしゅうしてやればよかったと思います」

周吉がこの映画で初めて口にする、亡き妻への労《ねぎら》いと後悔の言葉を映して、映画は静かにエンドマークとなる。

晩年の小津作品の共通の主題、人生の孤独と寂寥、諦観と虚無を暗示して、この名作は終わる。

小津先生の「ほとんどすべての映画に出させてもらいました」

最後に、この『東京物語』で「その最良の枯淡《こたん》の味わいを見せた」（参考文献①）、笠智衆氏について一言触れる。氏には崇敬する小津監督への思い出を語った好著がある（参考文献⑫）。その中の一節を紹介して、私の小津作品紹介の締め括《くく》りとさせていただく。

……………………

小津安二郎監督は、僕を俳優にしてくださった〝恩人〟で、僕に映画を教えてくれた〝先生〟でした。

もし小津先生がいらっしゃらなかったら、僕のような不器用な人間が、六十年以上も俳優を続けられたとは、とうてい考えられません。たぶん今頃は、『男はつらいよ』の御前様のように、お寺の老住職になって、毎日お経をあげていたでしょう。
僕はお寺の倅ですから。（中略）
小津先生の作品には、昭和三年の『若人の夢』から遺作の『秋刀魚の味』（昭和三十七年。奥井註）まで、ほとんどすべての映画に出させてもらいました。そんな俳優は、僕だけです。これはちょっと自慢してもいいんじゃないでしょうか。（中略）
よく、「笠さんにとっての、小津作品ベストワンは？」と聞かれることがあります。みんないいシャシンなので、甲乙つけがたく、その日の気分で答えるようにしていますが、やはり『東京物語』が一番でしょうか。
家内は、僕より映画を見る目が確かで、あの名作の『晩春』でさえ、良くないところを指摘できる人なんですが、家内が「『東京物語』は良かった」と言ってるので、間違いないでしょう。
僕が『東京物語』をベストワンに選ぶのは、先生にあんまりしぼられんかったからかもしれませんが……。（中略）
先生はずっと独身でした。お母さまが亡くなられた後は、一人で暮らしておられました。僕は、先生のことを第三者的な立場で見ることはできません。批判めいたことは言えませんし、言いたくもありません。
ひとつだけ、先生について口はばったいことを言わせていただきます。

ご結婚なさったほうが良かったんじゃないでしょうか。なんとなく、そう思います。

（以下略）　　　　（完）

第四章　溝口健二監督（一八九八～一九五六年）

溝口監督を偲ぶ――作品紹介の前に

歴史の真実を初めて教えられる……溝口映画は最良の歴史教材

「私の愛した日本映画、四人の名匠」の最後（四人目）は、この溝口健二監督である。氏は私にとって何よりもまず、歴史の真実を初めて教えられた名匠・恩師として聳立《しょうりつ》される。忘れもしない出会いがあった。

氏の作品『近松物語』（一九五四年）を初めて見た時の衝撃である。日本にこんなに凄《すご》い映画があったのか！　その衝撃はもちろん、その時受けた感動と啓発に、私は生まれて初めて歴史の真実に目を開かれたと思った。こんな監督さんは溝口氏を措《お》いて他にはない。

私事になるが、私はかつて歴史を勉強し、それを生徒たちに教える職業に就いた（高校で日本史担当の教員）。歴史学者や史家と呼ばれる専門家の多くの著作を勉強する機会を得た。それらの恩恵を忘れるわけではない。

しかし、私がそこから得た歴史認識は、所詮、知識（言葉や文章）による観念的なそれでしかなかった。言葉を換えれば、それらは頭による歴史理解にすぎず、私がその時代を当時の人々と共に生きたという実感や感動とは程遠いものがあった。

溝口氏の映画はこの空白や間隙《かんげき》を見事に埋め合わせてくれた。今風に言えば、その時代にタイムスリップして、当時の人々と共に生き、同じその時代の風や空気を呼吸する、その一体感の悦《よろこ》びである。頭だけの歴史認識を脱却して、自分の肌や眼による歴史の実体験(=実感)の感動である。私はこれを歴史の「真実」への開眼と呼びたい。

具体例は作品紹介で詳述する。しかしその概略の片鱗だけでも、ここで先行して点描しておきたい。

例えば先の『近松物語』。江戸・封建社会の身分制度の理不尽が、庶民の家(ここでは商家)の隅々《すみずみ》にまで張りめぐらされ、いかに人間の自由を奪う残酷で非人間的な抑圧の具と化しているか。私は主人公の二人(おさんと茂兵衛)の辿る悲しい運命と悲恋の物語に、息を呑《の》む思いで瞠目《どうもく》した。

あるいは『山椒大夫』(一九五四年)。人買いの横行する平安末期の日本(奴隷制社会)の、そのうっかり旅もできぬ治安の悪さは当然としても、人間を物として売買、酷使して恥じぬ、その未開・野蛮な人心の荒廃、悪徳ぶりに、私は戦《おのの》き、震え上がった。

これらの体験は、従来の歴史学では得られぬ迫力(臨場感)と真実性に富み、私はいたく感動し、圧倒されてしまった。そこには映画という視覚芸術の利点があったことは当然としても、事はそれだけではなかった。何故なら、その最良の視覚教材には、氏の作品が持つ最大の特徴「リアリズム」が大きく寄与、貢献していたからだ。

繰り返すと、私に歴史の真実を教えてくれた教材は、この溝口監督のリアリズム映画が最高、他の追随を許さなかった。

日本におけるリアリズム映画の大成者

溝口監督の歴史映画が私を魅了した、その理由について述べる。何故氏の描く歴史は、かくも真実性に富み、迫力と感動をもって私を魅了するのか。私は氏の徹底したリアリズム手法の秀逸さにあると思う。

表題にも掲げたが、溝口監督と言えば、日本におけるリアリズム映画の大成者。これが専門家を含め、多くの映画ファンが認める氏の最大の魅力、功績である。

ちなみに私は先に、小津安二郎監督の章で、氏が果たしたリアリズム手法の先駆け的役割について触れた（戦前のサイレント作品など）。しかし小津氏は晩年、そのリアリズム手法を放棄、転向された。

一方溝口氏は、その遺作『赤線地帯』（一九五六年）に至るまで、生涯一貫して鋭いリアリズム映画を撮《と》り続けられた。ここに両氏の決定的な差異があった。日本映画におけるリアリズム映画の大成者としての栄誉は、やはり溝口監督に捧げられるべきだと思う。小津監督は、成瀬巳喜男監督と並ぶ「ホーム・ドラマ」の名手である。しかしリアリズム映画という点では、溝口監督の後塵を拝す、と私は断言して憚《はばか》らない。

リアリズムとは？……記録映画的手法

ところでリアリズム映画とは一体何なのか。現実主義、写実主義などと訳されるこのリアリズムの意味は、流布されている割には案外曖昧《あいまい》である。とくに映画に関する場合、これを厳密に解説する評論家は皆無に近い。

この私の疑問、不満にただ一人答えてくれたのは、小著〈上巻〉で紹介した増村保造監督の著作（論文）のみであった（参考文献⑥）。氏は〈上巻〉でも触れたように、私の好きな傑作を数多く発表された名匠にとどまらない。若き日、イタリア国立映画実験センターに留学され、世界の映画に通暁《つうぎょう》された、映画界屈指の理論家、碩学《せきがく》でもあられた。こんな映画監督は他にない。

その氏が、リアリズム映画について初心者にもよく解る平易で的確な解説をされている。これが私の無知を啓《ひら》く、唯一の有り難い啓蒙書であった。ここでその氏の解説を拝借する。

増村氏によれば、真のリアリズムは「劇映画よりもドキュメンタリー映画の中に存在する」という。その源流はヨーロッパにおける記録映画で、英国で基礎がつくられ、その伝統がイタリアに移植されて開花したらしい。

それが第二次大戦後の「イタリアン・リアリズム」（日本ではネオ・リアリズム）と呼ばれる、一連のイタリア映画の傑作群であった。ちなみに私はその一本『自転車泥棒』について、前章「小津監督」の作品紹介のところで触れた。

さて、このイタリアン・リアリズムの特徴こそが、今日喧伝《けんでん》されるリアリズムの原点・本流であるらしい。増村氏はそれを「記録映画的手法」と要約される。以下、氏の説明を引用させていただく。

……………………

いったいリアリズムとは何だろうか。現実主義とか写実主義とか訳されるが、イタリアン・リアリズムの作品など見ていると、即物主義と言う方がぴったりしている。この即物主義の物とは、まさに「物そのもの」であって、人間的な観念や感情をすべて引っ剥《ぱ》がして捨てて、物だけをじっと見つめる手法であり、人間もまた、物として描かれるのである。（中略）何故、人間を環境の一部の「物」として描写するのか？　そこにはイタリア人の人間に対する不信がある。彼らほど人間を愛する種族はいないが、同時にまた、その長い歴史の中で、彼らほど裏切りや偽善や圧迫を経験した民族はない。だから、人間の感情などというアヤフヤなものを信用しないで、一つの「物」として、人間を冷たく見つめるのである。（以下略）

いかがであろうか。人間の感情や主義主張（イデオロギー）を一切排除し、生々しい物としての事実だけを描く。そしてその事実が持つ多くの意味を、そのまま観客に訴える。これが本来のリアリズム映画の特徴であり、また魅力であった。「記録映画的手法」と、氏がリアリズムを定義される理由もそこにあった。

時代考証や舞台装置に対する厳格な完全主義……鬼の溝口の異名

問題は溝口映画の独特なリアリズムの特徴である。この点に関しても増村氏――氏は晩年の溝口作品（三本）の助監督を務められた――の解説や考察は詳細で精緻《せいち》を極める。

しかし私はその中から、私自身が溝口作品を見て共感を覚えた二点に絞って述べる。まずその一は表題に掲げた特徴である。

「溝口さんほど時代考証にうるさく、衣裳から小道具まで微に入り細をうがって正確を期した監督はいない」。この増村氏の一文が象徴する、溝口監督の完全主義とでも呼びたい舞台装置、小道具、衣裳などに対する異常なほどの拘《こだわ》りである。

例えば舞台、「それはセットであれ、ロケーションであれ、彼は凝《こ》りに凝って、美術者を叱りとばし、完璧な舞台を作り上げた。この舞台に対する執念が極端に走ったのは『元禄忠臣蔵』である。彼は莫大な時間と費用と人手を投じて、江戸城にあった松の廊下とそっくりそのまま原寸大のオープン・セットを再現してしまった」。有名なエピソードである。

この溝口監督の完全主義は、氏の「映画は真実を描くもの」「一切の嘘は許さない」という強い信念に拠《よ》るらしい。それは「俺は現実を再現すればいい、再現した現実をみつめれば足りる」という、氏の強い「現実再現欲」と言い換えてもよい。現実を忠実に再現する、そのためには一切の嘘を許さない。これが溝口リアリズムのまず第一の特徴であった。

ちなみに言えば、このドラマの環境を徹底的にリアルに丹念に描く氏の手法は、イタリアン・リアリズムの巨匠ルキノ・ヴィスコンティ氏の「偏執狂的な現実再現欲」に匹敵すると、増村氏はその共通性を指摘されている。その言葉に、かつて若き日、ヴィスコンティ監督の『若者のすべて』（アラン・ドロン氏主演）や『山猫』（バートランカスター氏主演）にいたく感銘を受けた記憶を、私は想い起こした。

俳優の精神集中を求める……厳格な完璧主義の目的

ところで溝口監督のその時代考証（舞台装置や小道具、衣裳など）への異常なこだわり、つまり厳格な完璧主義で、氏は一体何を意図されたのか？　この私の疑問に答えてくれた専門家は、やはり増村氏を除いて皆無であった。

氏は、自分の「想像だが」と断った上で、唯一人以下のように明快に答えられた。それは「役者がその役になり切るために精神を集中させる一つの手段」、つまりお膳立てであったと。この推断に私は正直、目から鱗《うろこ》が落ちる共感を覚えた。

何故なら、溝口監督の俳優の演技に対する、その非情とも思える厳しい指導は夙《つと》に有名であったからだ。先に紹介した裏方スタッフの舞台作り（装置《セット》や小道具、美術など）に対する決して妥協を許さぬ完全主義は、実は役者の演技に対しても同様、まさに「鬼の溝口」の厳しさであった。後に氏にしごかれて俳優として開眼した名女優、山田五十鈴氏の苦心談と感謝の言葉を私は紹介する予定だ。

ここでは増村氏の先の結論に関する、氏自身の説明を念のため併記させていただく。


……………………


俳優が役になり切るということは極めて難しい。俳優はそれぞれ独自の個人的な生活を持っている。そのすべてを忘れ全然別の役中人物になるためには、極めて高度な努力をしなければならない。中途半端な映画スターではできないことである。

そこで溝口さんは徹底的にリアルな雰囲気の中にスターを追い込んで、その雰囲気と厳格に一致した感情や演技を強要し、日常生活を忘れさせ、一挙に役中人物にしてしまおうと考えたのではあるまいか。

一度、役になり切ってしまえば、あとは叩《たた》きに叩き、しぼりにしぼって、気ちがいめいた興奮の瞬間にスターが我を忘れてさらけ出す女の本質、本然の姿をカメラにとらえればいいわけである（参考文献⑥）。

……………………

以上をもって溝口監督のリアリズムの特徴、その一を終わる。繰り返せば、一切の嘘を許さぬ忠実な現実再現欲、そのための徹底した時代考証や演技力への妥協を許さぬ厳しい完璧主義。これであった。

ところで読者はお気付きであろうか。この氏のリアリズムの第一の特徴こそが、私が冒頭で述べた氏の作品の最大の魅力――歴史の真実を描く視覚教材――を支える、実は重要な要因であったことを。

その時代にタイムスリップして、当時の人々と同じ空気を吸い、共に生きたという一体感。これこそ氏のリアリズムの、その嘘を許さぬ厳しい時代考証、つまり完全主義の賜物ではなかったか。氏の歴史映画への私の感動や崇敬は、実はその氏のリアリズムへのそれと同義語であったのだ。

女を愛し、女の本質を生涯追求……溝口リアリズムの二つ目の特徴

さて、私が溝口監督のリアリズム映画に魅了された理由は、冒頭で述べた「歴史の真実」に目を啓《ひら》かれた感激だけではない。もう一つあった。それは表題に掲げたように、氏が描いて見せた女性の真実（本質）への啓発と驚き、そして感銘であった。

氏の高弟（信頼厚き助監督）であった増村氏の以下のような発言に、それは象徴される。

………………

「溝口さんが描きたかったものは、風土でもなく、社会でもなく、女そのもの、永遠の女というべきものであった。個々の時代、環境を越えた女の本質のようなものを追い求めて止まなかった」

「溝口さんは女を愛し、女を描かせては、鬼気迫り、映画史上の第一人者である。何故か。女ほど、非抽象的な存在はないからである。

男は、その本質から、また社会に生活するために、観念的であり、抽象的である。しかし女は、その本能によって生き、観念に歪曲《わいきょく》されることがない。（略）抽象を忌《い》む溝口さんが、この世で最も具体的なものとして、安住したのが女の本能の世界であった」

「溝口は都会人で遊び人だったから、女の表面的な美しさや甘い言葉には全く欺《だま》されない。

そんなものは女の処世術であり、うすっぺらな見せかけである。その見せかけの仮面を引っぱがすと、怖ろしい女の正体が現れる。その裸の女は、男なんかより、はるかに図々しく、たくましく、てこでも動かないしぶとさがあり、しかも徹底したエゴイストで、凄まじい執念で自分の欲望を実現しようとする。蛇になって川を渡り、鐘の中の安珍を焼き殺した清姫こそ女の正体である。勿論《もちろん》、裸の女には論理も観念もない。ドロドロした情念が熔岩のように燃えて流れているだけである」（すべて参考文献⑥）

……………

これらから溝口監督が、その厳格で卓越したリアリズム手法で追求した「女の本質」が、「見せかけの仮面の下に潜む女の本性」の追求であったことが解る。その具体的な姿は、後の作品紹介に譲る。

一言触れておきたいのは、氏の作品には、芸者（芸妓《げいぎ》）や娼婦などの苦界を生きる薄幸の女性の物語が多いという事実だ。『祇園《ぎおん》の姉妹』『祇園囃子《ばやし》』『西鶴一代女』『赤線地帯』など、その世界に精通した氏の「遊び人」の体験がなければ、まず作れない映画ばかりである。

その点で私は溝口健二という御仁に、正直人生の「大人」「大先輩」を感じずにはいられない。私たちの世代は、そのような「悪所通い」も全く知らぬ、その意味では実に初心《うぶ》で無縁な世代である（「売春禁止法」は一九五七年制定）。

そのため氏が描く花柳界の内幕や芸者像は、実に斬新で興味津々に映る。これも溝口作品の一つの魅力、恩恵として忘れられない。

私娼窟や遊廓に入り浸った若き日の遊蕩《ゆうとう》……娼婦・芸妓を知り尽くす

ここで溝口監督の女性遍歴について、やはり氏を知悉する増村監督の一文を拝借する。

……………………

溝口の生涯には同棲した女が三人いる。一人は彼の背中を斬って、東京へ去った一条百合子。一人は結婚して入籍したが、後に発狂して溝口家を去った嵯峨千枝子。一人は入籍は許されなかったが、晩年の彼の事実上の妻だった田島未亡人。しかし、彼がこの三人の女を愛したとは思われない。女好きではあるが、恋愛という甘い感情から最も遠かった溝口である。

彼が好んだ女は美人や才媛ではなく、浅草の私娼窟の売春婦であり、京都祇園乙部の芸妓だった。ときには仲居や女中まで相手にしたが、彼は美しく上品な女より、醜くて卑しい女の方が好きだった。家庭の妻など全く無視して、廓《くるわ》や色街に泊まりつづけ、次から次へと女を替え、まるで女の中にどっぷり浸かるような毎日を送った。後年、嵯峨千枝子が発狂したとき、溝口は自分の悪疾のせいではないかと悩んだのも、彼の荒淫の日々を思えば当然であろう（参考文献⑥）。

いかがであろうか。常人には想像もつかぬこの女性関係の波瀾万丈、そして放蕩・荒淫生活の異常。しかしこの異常が、溝口映画の描く「女の本質や正体」の「生きた学校」であった。氏は娼婦や芸妓を知り尽くした。そのことが氏を「女を描かせては、映画史上の第一人者」に押し上げた。まさに天才の陰に狂気あり、そんな俗言を私は想起せずにはいられない。

姉の経済的援助に甘えまくった放蕩生活

最後に、新藤兼人氏（監督、脚本家《シナリオライター》）の溝口評について一言。氏は増村氏ほどではないが、一時期、溝口組のスタッフ（美術助手）として溝口映画にかかわりを持たれた。注目は氏の同監督への傾倒、思い入れの深さだ。

氏は、自ら溝口監督に関する一書を公刊されたり（参考文献㉒）、あるいは溝口映画の関係者（俳優やスタッフ）にインタビューされた対談集を書物として刊行されたり（参考文献㉓）、あるいはその対談を映画化されたりと、その労は実に多彩かつ精力的である。

溝口ファンの一人として、私はそれらのすべてを参考にさせていただいた。ここではその中から、溝口監督の生い立ちに関する一節を紹介させていただく。と言うのも、先に増村論文で紹介した溝口氏の若き日の異常な放蕩生活を支えた、その資金源に私は関心を持っていたからだ。

新藤氏は、溝口氏の幼年時代から青年時代にかけての貧しかった家庭環境について、とくに母親と姉の苦労について力説される。

「母まさは（溝口氏が）十七の時に死んでいる。生活能力のない父親に苦労しつづけて死んだ母である。姉寿々子は芸者になって一家をたすけ、若い日の溝口は姉に頼りきって生きた」

中でも「姉の寿々子は、溝口健二より二つ年上だが、小学校にあがるまえに養女にだされ、芸者になっている。父善太郎がいくたびか家業に失敗し（略）、生活はどん底だった。溝口健二は無能力な父を憎んでことごとく衝突した。一家を貧窮の底におとしいれ、姉まで芸者に出したことをゆるせなかった」。

しかし「姉が日本橋から芸者にでて、間もなく松平子爵に落籍され、囲われてから、溝口健二は食客のように姉の家に入りびたり、父のいる家へ帰ろうとしなかった。寿々子はつねに弟をかばい、惜しげもなく小遣いを与えたという。芸者の姉への思慕が溝口の女の好みをきめさしたようである」（参考文献㉒）。

溝口監督の、先に紹介した「廓や色街に泊まりつづけ、次から次へと女を替え、まるで女の中にどっぷり浸かるような毎日」、つまり氏の放蕩・荒淫の青春時代を支えたのは、ひとえに芸者になり、松平子爵の二号になった姉寿々子のお蔭であった。この事実に私は注目する。

「姉まで芸者に出したことをゆるせなかった」溝口氏が、その姉に公然と甘え、たかる。その姉の資金で、自分は他の芸者や娼婦との悦楽に平然と酔う。この無神経、図々しさは氏の人格の一種の自家撞着《じかどうちゃく》、姉への背信ではなかったか。

幸い氏は、その異常なほどの女遊びの中から、女の正体を見抜く目を持ち、女を描かせては当代一の名匠という声望を得られた。しかしその声望の陰に隠されてしまった、氏の生涯のこの暗部――苦労した姉に公然と甘え、寄食する残忍さ――を、私は無視できない。天才の中に同居する狂気と矛盾、そんな言葉が脳裏をよぎった。

新藤氏の解説から私が学んだことは、結局は以下の一点に尽きる。溝口氏の母や姉への思慕が、氏の女好きや女びいきを生み、一方無能な父への怒りや憎悪が氏の男嫌い、男性不信の一因をなしたらしい、そのことである。先の増村氏の溝口分析と並び、私は啓発を受けたことを付記して、筆を擱《お》く。


（完）

①『山椒《さんしょう》大夫《だゆう》』（一九五四年）

「歴史の真実」に眼を啓《ひら》かれた溝口作品

溝口監督の作品紹介に移る。先の序論「溝口監督を偲ぶ」でも書いたが、氏の作品のリアリズムの迫力や魅力は、私にとってまず「生きた歴史の教材」としての感動にあった。

そのため私の紹介はまず、日本の歴史の真実を描いた、氏の歴史映画の紹介から入る。三本ある（後述の『新・平家物語』『近松物語』を含む）が、まずは時代背景順にこの『山椒大夫』から。

周知のように森鷗外氏の同名の短編小説の映画化である（脚本は依田義賢《よしかた》氏）。実はこの鷗外氏の原作は、私自身、中学時代の国語の時間に教科書の一節で読んだ記憶がある。人買いにだまされて母親と別れ別れに奴隷にされたかわいそうな姉と弟の物語として、私は単純に胸を衝《つ》かれた記憶があった。

しかしこの映画は、そうした私の哀しく恐ろしい記憶を一掃する、実に力強い、そして頼もしい物語として私を魅了した。

何故ならこの映画は、奴隷にされた民衆の怒りや恨みを、兄の厨子王（原作では姉と弟だが、映画は逆）が、国守《くにのかみ》（国司）となって復讐し、怨《うら》みを晴らす、つまり山椒大夫を失脚させる物語、要するに奴隷解放の物語であるからだ。

ちなみに原作では、山椒大夫は――彼は奴隷を買い集めて酷使し、私腹を肥やす奸物の地方豪族――失脚しない。奴隷に給料を払うことで「一族はいよいよ富み栄えた」と原作は記す（参考文献㉖）。

しかし、映画は、国守によって国外追放となった山椒大夫の館や、彼の蓄積した財物が、解放された奴隷たちによって焼き尽くされ、炎上するシーンが象徴するように、明らかに奴隷解放の物語である。私は溜飲が下がり、中学時代の私のセンチメンタルな感想は見事に払拭されたのであった。

日本の古代奴隷制の実態に初めてメス……横行する人買いの恐怖

物語の紹介に入る前に、この歴史映画が私の眼を啓《ひら》いたその衝撃と恩恵について一言述べたい。それは日本の古代史における奴隷制度の実態に、溝口監督が初めてメスを入れ、実に具体的にその恐ろしさを再現されたことだ。私は職業柄（高校で日本史を担当）、多くの歴史学者の著書に学ぶ機会を得たが、日本の古代が世界史と共通する奴隷制社会だと

「山椒大夫」　写真提供：KADOKAWA

指摘する史家はあっても、その具体的な実態を暴《あば》いたものは皆無に近かった。そこには史料などの制約もあったかと思うが、それにしてもその実態の不明は限りなく物足りなく不満であった。

この歴史学の空白、怠慢に対して、歴史学者ではない溝口氏が、敢然として一つの風穴を明けられた。それは罪もない庶民を容赦なく奴隷に売りとばす残忍な人身売買業者、つまり「人買い」の横行する、当時の現実に目を向けられたことだ。歴史家の誰もが指摘せぬ、この人買いの存在に着目された溝口氏の炯眼《けいがん》、見識に私は畏敬、脱帽した。お蔭で私の奴隷制社会への無知や、観念的理解の浅さはいささか是正されたと言える。

人買いにだまされる女たち一行の運命

物語に移る。平安時代末期、一人の地方官（国司）であった平正氏《たいらのまさうじ》は、百姓の難儀を救うため、鎮守府将軍の命令を拒否して、筑紫《つくし》（九州）に流罪となった。彼は別れ際に幼い子の厨子王（少年時代は加藤雅彦、後の津川雅彦）に「人には情けをかけよ」と言って観音像を渡した。正氏自身、人民のために「情けをかけた」善政の実行者であったらしい。

数年後、妻の玉木（田中絹代）と二人の子供（厨子王と安寿）、そして女中の姥竹《うばたけ》（浪花千栄子）の四人が、正氏のいる筑紫をめざして旅をする。映画はこの子供を連れた女たち一行の、心細い旅の描写から始まる（前頁スチール写真参照）。

その途中、一行は越後の浜辺で、狡猾《こうかつ》で残忍な人買い集団にだまされた。母は佐渡へ売られ、抵抗した忠勤な姥竹は力尽きて入水自殺し、厨子王と安寿（少女時代は榎並啓子）の兄妹は、丹後の山椒大夫のもとへ奴隷として売られてしまう。

この母と子供たちが、人買い船に別々に乗せられて引き離されてしまうシーンは、作品前半の一つの圧巻として忘れられない。ちなみに一家離散の運命に追いやった人買いは男たちばかりではなかった。一家の難儀を察して親切そうな救いの手をさしのべた巫女《みこ》（毛利菊枝、無気味な老女を好演）も、実は人買いたちの一味であった。

この一家の突然の受難に、女中姥竹は持ち前の忠義心から逸《いち》早く責任を感じ、男たちに激しく抵抗する。その悲壮な忠義ぶりが印象に残る。それでもそれが適わぬとみるや、彼女は一転して即座に海に身を投げる。その毅然とした決断の哀れさを浪花千栄子氏が好演される。溝口作品では常に欠かせぬ名脇役を演じられる氏の、イブシ銀のような存在感と演技力がここでも光る。

それにしても、当時の支配層だった地方官一家のこの悲劇は、女たちの世間知らずの無知や無防備があったとしても、当時の古代・奴隷制社会の、無政府状態同然の治安の悪さ、世情の未開・野蛮を思わせ、観客を慄然《りつぜん》とさせる。

兄厨子王を脱走させて、妹安寿は池に身を投げる

やがて十年の歳月が流れた。厨子王（ここから花柳喜章）と安寿（同じく香川京子）は、山椒大夫の屋敷で連日過酷な奴隷労働を強いられ、黙々と耐える日々だ。その間、佐渡に売られた母の玉木の消息が、佐渡から売られてきた女奴隷の口からうすうすと兄妹に知らされる。玉木は脱走しようとして捕まり、足の筋を切られてしまったらしい。

そんな奴隷生活に明け暮れる中で、注目は、妹安寿の決断だ。彼女は希望のない奴隷生活の先行きに不安と絶望を強めていた。とくに気がかりなことは、兄の厨子王が、今では人が変わったように冷酷な山椒大夫の忠実な手先と化し、脱走を企てた仲間の奴隷の額に、赤く焼けている火箸《ひばし》を当て焼き印を押す拷問の執行人を、平然と引き受けていることだ。

いつからそんなムゴイ兄に変わってしまったのかと、彼女はひそかに胸を痛めていた。厨子王とて、そんな妹の批判や非難が解らぬ兄ではない。しかし自暴自棄となった彼は、

「山椒大夫」　写真提供：KADOKAWA

絶望の果てにそのような鬼の執行人に堕《だ》していたのだ。

ついに安寿は決断した。一計を案じ、せめて兄だけでもここを脱走させて、父や母のもとへ行かせてやりたいと、一縷《いちる》の望みを持った。その際、厳しい監視や屈強な追っ手の中を二人で逃げ出すことは到底不可能だ。せめて兄だけでも……と。

こうして妹は、その日死にかけた老女を背負って裏山に捨てに行く兄に、ひそかに逃亡をすすめた。そして彼女は追っ手をはばんだ後、そのまま池に降り投身自殺をとげた。

安寿が入水した実事は映画は映さない。しかしそのあとの水の波紋の広がりを静かに映し出したシーンは撮影担当の宮川一夫氏のキャメラが光るところだ。荘厳なほどに美しく、哀れを誘う。

人身売買禁止の高札を立てる……丹後守となった厨子王の英断

さて脱走した兄厨子王のその後である。映画はここからラストの大団円に向けて一直線に進む。私の紹介もそれに倣う。

厨子王は逃げ込んだ寺の住職の機転で、辛うじて山椒大夫の家来たちの追跡を免れた。都へ潜入することに成功した彼は、関白藤原師実《もろざね》（三津田健）に直訴《じきそ》し、肌身離さず持っていた観音像を呈示した。かつて父親正氏が別れ際に「人には情けをかけよ」と言って渡したあの形見の仏像であった。

この観音像のお蔭で、彼は正氏の遺子であることが認められ（父は配所においてすでに死去していたが）、話は急転直下、彼はなんと丹後守《たんごのかみ》（国司）に任命された。父の不遇を配慮した師実の恩情ある計《はか》らいの人事であったらしい。

丹後守となった厨子王の以後の行動は、迅速にして大胆であった。任国に赴任した彼は、周囲の同僚や部下の不安をよそに、まず丹後国内に人身売買の禁止、つまり奴隷解放の高札をいっせいに打ち立てた。

これは、一国の統治を任された国主（国司）の措置とはいえ、都の中央貴族の忌諱《きい》に触れる恐れがあった。彼らは地方豪族の土地（荘園）の名義上の所有者として、全国で山椒大夫ら地方豪族の奴隷支配（人身売買）を黙認していたからだ。

厨子王にはもとよりそのための覚悟はあった（後述）。

せせら笑い、高札を撤去させる山椒大夫

さて山椒大夫（進藤英太郎）の登場である。彼は厨子王の高札に一瞬たじろいだ。しかし、都の高官貴族の後ろ楯を持つ彼は動じない。

何も知らない小癪《こしゃく》な若僧めがと、鼻でせせら笑い、即刻部下たちに高札の撤去を命じ、実行させた。各地の高札が引き抜かれ、捨てられた。

厨子王も負けていない。彼は部下をひき連れ、ただちに国守の命令に従わぬ山椒大夫の屋敷に踏み込んだ。威丈高に抗弁する山椒大夫を、彼は歯牙《しが》にもかけず、平然と無視して、即刻縄をかけた。

この厨子王の自信に満ちた果断な急襲に、山椒大夫は不意をつかれ、頼みとする都の貴族に訴える間もなく、意気沮喪《そそう》してあっさり捕縛され、連行されて行った。

これを見ていた屋敷内の多くの奴隷たちが、狂喜し、歓声をあげたことは言うまでもない。彼らを長年支配し、酷使し、虐待してきたあの憎んでも憎み足らぬ山椒大夫が、今お上の手で捕まり、これから裁かれるのだ。

厨子王の周囲に喜びを隠さぬかつての仲間の奴隷たちが続々と集まって来た。旧知の顔も少なくない。その彼らに向かって、厨子王は国司（国守）として、今はっきりと宣言す

るのだ。

あなた方はもう自由だ！　どこへ行っても誰も咎《とが》めることはできない！　好きな所へ行って幸せな人生を送ってください！

この映画一番のクライマックス。奴隷解放宣言のシーンだ。手を合わせて厨子王を拝む人々の顔には、感謝と悦びの涙があふれ出る。人々のすすり泣きは、今や号泣へとたかまる。諦めていた彼らの絶望と暗黒の前途に、今やっと光が射《さ》したのだ。

感涙にむせぶ彼らを見て、厨子王も万感胸に迫るものがあったはずだ。しかし彼は冷静だった。旧知の彼らの中の一人を見ると、彼はその男の前に進み出て、素直に謝罪し、赦《ゆる》しを乞うた。山椒大夫の命令とはいえ、厨子王はその男の顔にかつて焼き印を押した、自分のムゴイ仕打ちを忘れていなかったのだ。

その男は厨子王の手を取り、それを押し戴いて号泣した。山椒大夫を追放してくれたことが、何よりその男にとっての罪滅ぼしになったようだ。

妹安寿が入水した池の前で首《こうべ》を垂《た》れる兄

もう一つ、厨子王の心を痛めていたことがあった。言うまでもない妹安寿の辿った悲しい運命である。彼女の死を風の噂に聞いていた厨子王は、今改めて安寿が入水して果てた池の前に立った。深く首《こうべ》を垂れる厨子王の心をよぎった思いは何であったろうか。
自分のために尊い犠牲になってくれた健気な妹。確かに自分は、安寿の死を無駄にはしなかった。兄としての責任は果たせたと言える。しかし厨子王には、痛恨の後悔と慚愧《ざんき》の思いが残ったはずだ。愛する妹を犠牲にしてしまった兄としての無責任と恥辱は堪えられない。

と、私には、安寿を演じた香川京子氏の明るく優しい笑顔が脳裏をよぎり、その声が聞こえて来る気がしてならない。ううん、兄さんよくやってくれた、ありがとう！　私も嬉しいの。あとはお母さまを捜してくださいね、お願いよ！

それは女性だけが本能的に持つ、利他と献身、博愛の精神だったのではないか、と私は思った。

猛火に包まれる山椒大夫の屋敷……解放された人々の狂喜と乱舞

その夜、もはや「奴隷」でなくなった人々は、主人のいなくなった屋敷に火を放ち、これを全焼させた。このシーンも、先の奴隷解放宣言のシーンに劣らず圧巻である。積年の怒り、恨みを晴らすかのように、燃えさかる屋敷の中で人々は狂喜、乱舞した。屋敷内に山椒大夫が私蔵していた財物一切を持ち出し――それらはすべて彼ら奴隷たちの労働を搾取した主人、山椒大夫一族のぜいたくな富と私財ばかりだ——火の中に投げ捨て、あるいはたたきつぶした。

普段口にさえしたことのない酒や食糧を、たらふく飲み食いし酔っ払う者、豪勢な着物を身につけてはしゃぐ者などすべての人々が解放の喜びに酔いしれ、その「狂宴」は深夜になっても果てる気配はなかった。

私は、抑圧から解放されて自由を得た民衆の、こんな狂喜と乱舞のシーンを、それまでの日本映画で見たことはなかった。改めて、虐《しいた》げられた民衆（奴隷）の解放の悦びを描く、この溝口映画のリアリズムの迫力に心打たれた。

丹後守厨子王は、深夜になっても、そこだけ明るく炎上する山椒大夫の屋敷を遠くに眺めながら、彼は今自分の館で、次の行動に移る準備を怠らなかった。彼はこれから母玉木のいるらしい佐渡へ渡り、彼女の行方を捜さねばならない。

しかしその前にやっておかねばならない一つの「覚悟」の仕事があった。彼は辞表を書いて国司（国守）という官職を辞することにした。驚く同僚にそれを手渡すと、彼は単身、佐渡へ渡る準備に思いをめぐらすのだった。

この厨子王の辞表は、一見さりげない決断のように見えるが、実は溝口監督の日本の古代史への造詣《ぞうけい》の深さをうかがわせる、実に周到なシーンであった。僭越だが私はいたく感心させられた。

詳細は省くが、厨子王は知っていたのだ。国外追放という形で失脚させた山椒大夫が、このあと黙っているはずはない。後の彼の反撃によるトラブルの煩わしさを事前に避けた「辞表」であった。

山椒大夫が頼みとする都の有力貴族、とくに当時の権門勢家（藤原氏一族）は、一介の国司などより位階・官職ははるかに高い。その彼らが山椒大夫の後ろ楯となって、国守厨子王の今回の処置（国外追放）に異議や反発を訴えれば、正直厨子王の勝ち目は薄い。

しかし先手を打って国守を辞めてしまえば厨子王には何の咎《とが》もない。屋敷を焼き尽くされ、奴隷たちもすっかり離散して無一文になった山椒大夫ただ一人が残されるだけだ。厨子王は山椒大夫に対して、その英知においても勝利したのである。

失明した老母と再会する厨子王……ラストシーンは感動の極致

さて映画はラストシーンを迎える。この作品の中で、先の厨子王の奴隷解放宣言と並ぶ、圧巻の感動シーンだ。

山椒大夫の屋敷が全焼するのを見届けた厨子王は、辞表を提出し佐渡へ渡った。もちろん母の行方を捜すためだ。

遊女たちのたむろする村の外れの浜辺に、一人のみすぼらしい姿の老女が座りこんでい

「山椒大夫」　写真提供：KADOKAWA

た。厨子王は胸を突かれ、何故かこの老女が気になった。近づいて声をかけてみた。

しかし老女は、また自分をからかう客の一人が来たかと、容易に人を寄せつけない。見ると彼女は失明している。厨子王が自分の名を名乗っても耳を貸そうとしない。

彼は思案したが、例の観音像を取り出し、老女に触れさせた。するとしばらくして、老女はやっと顔を上げ、見えない眼で厨子王の方を凝視した。そして厨子王の手や体、そして顔をまさぐるように改めて両手で触れた。

そこには夢にも見た、忘れられぬ懐かしいわが子の感触があった。転瞬、二人はひしと抱き合った。二人はそのまま動かない。この二人の姿を、海辺の砂浜の上に美しく映し出したまま、やがてエンドマーク。映画は終わる。

思えば数奇な運命を辿った母と子は、今何十年振りに再会できたのだ。ここに安寿がいれば、あるいは父正氏の姿があれば、彼らの悦びはさらに昂《たか》まったはずだ。中でもこの日の来ることを夢に見て、兄にすべてを賭して自らの命を絶った安寿に、私は厨子王のこの吉報を伝えてやりたかったと、涙が止まらなかった。

ちなみに言えば、私がこの『山椒大夫』という映画で一番心に残ったのは、兄のために、一家のためにすべてを捧げて逝った妹安寿の、その健気な生き方の美しさにあったことを告白する。

ヴェネチア国際映画祭で銀獅子賞を受賞

最後にこの映画の評価について一言。この映画に対する国内の評価はそれほど高くない（キネマ旬報ベストテン第九位）。唯一の例外は評論家、佐相勉氏の以下の絶賛である。
「ラストシーンの何度見ても涙があふれでてくる母と子の再会のドラマとゆっくりしたパン（カメラを左右または上下に振って撮影する方法。奥井註）による海辺の風景描写。このシーンがあるだけで『山椒大夫』は世界映画史に残る作品となるだろう」（参考文献㉔）
この氏の予言は、表題に記したように海外での非常に高い評価、受賞（溝口作品の三度目）となって実現した。では私はどう思うのか？
高校教員時代の一つの私事を紹介することで、それに代えたい。赴任した某府立高校の団体鑑賞（学年全員）で、私はこの『山椒大夫』を企画し、上映してもらった。その際、生徒や同僚教員から望外の好評を得た思い出がある。

とくに時代劇映画などまるで知らぬ今の高校生に、この溝口映画の古典のような作品が理解されるか、私は内心不安であった。しかし杞憂《きゆう》であった。会場を埋めつくした何百名の高校生が、しわぶき一つ立てぬ静寂と緊張の中でこの作品に集中して鑑賞してくれた。

嬉しかったのは、ハンカチで涙をぬぐいながら会場を出る生徒が少なくなかったことだ。溝口作品は今の若い高校生にも十分通じる。すぐれた芸術は、時代を超えて、世代を超えて人々の心を打つ。そのことを私は改めて思った。また溝口ファンとしていささか面目を施したことも嬉しかった。これを私自身の「評価」とさせていただく。

（完）

②『新・平家物語』（一九五五年）

若き日の平清盛《たいらのきよもり》を描く……台頭する武士階級のリーダー

溝口監督の歴史映画の第二弾として、私はこの『新・平家物語』を取り上げたい。当時は、武士階級の台頭する平安時代末期（十二世紀半ば）の日本。舞台は、当時の支配階級（皇族や貴族、総称して公家《くげ》）が君臨、居住する京の都（平安京）。

その中から政府（公家政権）の軍事力（戦闘員）として傭《やと》われ、「番犬」同然の頤使《いし》に甘んじて来た武士たちが、次第に自分たちの実力に目覚め台頭する。そしてついに無能な公家の支配を打倒し、日本史における最初の武家政権（平氏政権）樹立に成功する。そのリーダー平清盛（平氏の棟

「新・平家物語」　写真提供：KADOKAWA

梁）の、若き日の姿と行状を、映画は描く。

原作は吉川英治氏の同名の長編歴史小説。脚本家《シナリオライター》の依田義賢《よだよしたか》氏が、その大部の原作の中から、青年時代の若き日の平清盛のエピソードに絞って脚色された。そのため映画は、歴史映画とはいえ、後に清盛の妻となる女性時子《ときこ》とのさわやかな出会い、あるいは高慢な母親泰子《やすこ》との確執・訣別などを含め、清盛の若き日の青春物語の趣を持つ。

ところでこの歴史映画の専門家の評価はさほど高くない。私は正直不満だが、その中で津村秀夫氏（映画評論家）の以下の評言は、私のこの映画への好感の一端を代弁されていて、共感を覚える。

「時代劇映画といえば国定忠治《くにさだちゅうじ》などのやくざものが中心だったことを思うと、平家一門の時代を描いたということは美術、衣裳などを含めて溝口にとって大変な苦労だったと思われる。（中略）溝口のように歴史上の各時代を映画に描いた監督はいない」（参考文献㉑。傍点筆者）

美術や衣裳など時代考証の行き届いた、溝口流リアリズムの秀逸な歴史映画であったと私は思う。とくに傍点を付した最後の指摘は、かねてより私が溝口作品に惹かれ、私淑する一因であったこと、先にも述べた通りである。

市川雷蔵氏演ずる、平清盛の颯爽《さっそう》とした若武者姿

これこそ私がこの作品に感動した一番の理由である。実際、この映画の魅力は当時勃興《ぼっこう》して来た武士階級の第一人者、平清盛のその生き方の清廉《せいれん》で無私、そして果断な行動力にある、と私は思う。表現を換えれば、それはその清盛を演じた新進俳優、市川雷蔵氏（当時二十四歳）の、その初々《ういうい》しく溌溂《はつらつ》とした若武者姿の魅力でもある。

ちなみに言えば、雷蔵氏は歌舞伎役者から転身された俳優さんで、この時は映画デビューして間がない新人時代である。しかし、その凛《りん》とした張りのある口跡（ものの言い方）や、端整な容貌の美しさは出色で、後の大映の看板スターを予感させる魅力に富む。

それだけに、小著〈上巻〉の『華岡青洲の妻』の項でも触れたが、氏の早すぎる夭逝《ようせい》（三十八歳で病没）は惜しまれてならない。氏は生存中多くの映画に出演された。しかし私はこの『新・平家物語』の清盛と、先の『華岡青洲の妻』の青洲役が、氏の俳優生涯における最高の出来栄えだったと、今も忘れられない。もちろんそこには、氏の魅力を引き出した溝口健二・増村保造両監督の演出の手腕があったことは言うまでもないのだが……。

「私は忠盛《ただもり》の子です」……武士の子として生きる清盛の決断

物語に移る。映画は、平忠盛・清盛父子が西国の海賊討伐を終えて、都に凱旋《がいせん》するシーンから始まる。

この時代、武士はまだ公家に傭《やと》われ服従する「番犬」にすぎなかった。彼らの任務は、無能だが高慢な主人、公家に代わって各地で頻発する海賊や豪族の反乱を鎮圧する軍事力（兵隊）として日々駆り出されることであった。

しかし、その命がけの戦闘行為も、武士たちに報われることはあまりに少なく、彼らの不満や怒りは日々つのる一方だった。公家たちから卑賤視される身分上の劣等感だけが、彼ら武士たちの唯一の弱点、泣き所であった。そのため彼らはその不本意な屈従に甘んじていた。実力はとっくに公家たちのそれを凌駕《りょうが》していたのだが……。

そんなある日、清盛の母泰子（木暮実千代）が、夫への不満、軽蔑から清盛に、「お前は白河上皇の子だ」と、出生の秘事を明かした。歴史書も紹介する、清盛の有名な「白河上皇落胤《らくいん》説」である。

実は泰子は、かつて祇園の白拍子《しらびょうし》（遊女）であった。その時に彼女に手をつけた白河上皇が、懐妊した泰子を、なんと手柄のあった忠勤な「番犬」、平氏の棟梁忠盛（大矢市次郎）にくれてやったという。

忠盛は上皇の手のついた、しかも子持ちの白拍子泰子を、それでも無上の光栄と有り難く拝受し、自分の妻とした。無論彼は、生まれてきた清盛にはその秘事は隠し、実の息子として、実の父親らしく誠実に養育した。それにしても忠盛のこの苦渋の拝受に、当時の武士たちのおかれた屈辱、つまり彼らのコンプレックスの悲哀が象徴されていると私は考える。

話を戻す。清盛に出生の秘密を明かした泰子である。母の告白に清盛は一瞬驚きを見せたが、その動揺は長く続かなかった。何故なら彼は、寡黙だが自分の任務（番犬）に忠実に努力する父親が好きで、ひそかに尊敬していたからだ。

一方、公家社会の栄達に憧れ、その未練に執着する母親に、清盛は嫌悪に近い反発を感じていた。何かにつけ夫忠盛を見下し、その武士ゆえの身分の低さ、卑しさを愚弄する母親の高慢、軽薄が、彼には許せなかったのだ。

その清盛がやがて「私は忠盛の子です」と、母にはっきり宣言する日が来る。彼はその時、母親の執着する公家社会の栄達や未練をきっぱりと拒絶したのだ。自分は尊敬する父親、忠盛の子として生きる。父と同じように自分も武士の子として生きる。母のように公家に媚《こ》び、公家に追従《ついしょう》する生き方はしないと決断したのだ。その点では、貧乏公家の娘で後《のち》に清盛の妻となる時子（久我美子、この時やはり二十四歳）も同じで、若い二人には公家世界の末路は十分に見えていたのだ。

ちなみにこの時、時子を演じた久我氏も、芯のしっかりしたさわやかで初々しい公家の娘に適役で、雷蔵氏の清盛と共に好一対の魅力があった。

人間清盛の、教科書では教えぬ偉大さ

ところで私は、この映画で初めて平清盛という歴史上の人物について考えさせられた。周知のように教科書や歴史書が紹介する清盛像は、彼が日本史における最初の武家政権（＝平氏政権）の創設者という、客観的事実のみである。そこには彼が何故公家政権を打倒し、武家政権の樹立に奔走、努力したのか、その彼の決断、苦悩は全く明かされない。

私事になるが、この人間不在、感動ゼロは、私が高校教員時代に思い知らされた、日本の歴史学の最大の弱点、退屈であった。

しかしこの映画は、私のそうした不満を見事に補って余りあった。清盛の考え方や行動に大きな影響を与えたのは、ひとえに父忠盛の愚直な生き方にあった。

忠盛は、当時下賤の出身として徹底的に軽蔑され、いいように扱《こ》き使われた武士階級（平氏一門）の将来の出世、繁栄を願い、棟梁として当時の支配者（院や朝廷の公家政権）に忠勤の限りを尽くし、また彼らの理不尽な仕打ちにもひたすら寡黙に耐えた。すべて新

興の武士階級の明日を思えばこその絶対服従であり、忠誠、忠勤ぶりであった。

清盛はしかし、その父親の傍目にも異常に映る絶対服従の努力を決して笑わなかった。彼は黙々と努力する父親に好感を持ち、尊敬していたからだ。先に触れた白河上皇の手のついた白拍子を黙って有り難く妻として拝領した事実は、その忠盛の公家崇拝の忠誠ぶりを象徴している。しかし清盛はこれも理解、同情した。

ところがその父が、後に公家政権から命じられた任務（僧兵の鎮圧、後述）の不始末を叱責され、責任を感じて自害してしまった。

ここに来て清盛の哀しみ（いや怒りと言うべきか）は極まった。父が自害までして忠節を尽くした公家階級は、もはや恃《たの》むに足らぬ。彼らに恭順、追随する道に、自分たち武士の明日はない。高慢だけで全く無能な公家政治は武士の敵である。彼らを打倒、殲滅《せんめつ》する以外に、武士の生きられる道はない。

これが若い清盛が到達した結論であった。それは老いた父親の古風な考え方では、思いも及ばぬ結論であり決断だった。この清盛の時代を見る炯眼《けいがん》と見識こそ、彼の偉大さの真骨頂ではなかったか。しかし忘れてはならないのは、父忠盛の忠誠の努力の不遇、不幸を彼は知悉し、それを尊敬していたことであった。

そういう意味で、この映画で父親忠盛の存在、役割は大きかったと私は思う。ちなみに忠盛を演じたのは大矢市次郎氏。氏の寡黙で地味な人柄は、実に適役であった。この作品では目立たないが、貴重な脇役であったことを私は忘れない。

僧兵の横暴に手を焼く公家政権……その無能ぶりは古代の終焉《しゅうえん》を暗示

いよいよ平清盛が、台頭する武士階級のリーダーとして頭角を現す、この映画の最高の見せ場（クライマックス）に移る。

そのためには、当時の政府（院や朝廷）が、獅子身中の虫として手を焼いた、寺院勢力の持つ軍隊、つまり「僧兵」（山法師などとも言う）の横暴について一言触れねばならない。

古代の寺院や神社勢力は、時の政府（公家階級）も一目置く特別の権威と特権を持っていた。それは、眼に見えぬ神や仏の存在や威光が、今の時代では考えられぬほど人々の心を支配した、俗に言う「迷信が幅を利かした」時代であったことによる。

為政者の公家（皇族・貴族）にとっても、彼らの不安や苦悩の解決は、結局は神や仏の加護に祈るほかはなく、彼らはこぞって敬虔《けいけん》な信仰者となり、神仏にすがった。そのため寺社勢力は彼ら公家たちの信仰や帰依を一身に集め、絶大な権力を持った。精神界の帝王として君臨したばかりではない。多くの寄付を受け、寺田・神田などの土地をも与えられた一大世俗領主としても肥え太った。

その象徴が、彼らの抱える多くの僧兵たち、つまり一種の軍隊の横暴な振る舞いだった。彼ら寺社勢力は、時の政府の裁定に不満（人事や所領の争い）があると、しばしば僧兵を派遣して、都の政府に集団で圧力をかけた（強訴《ごうそ》）。

例えば比叡山の延暦寺《えんりゃくじ》の僧兵。彼らは神仏習合を理由に日吉《ひえ》神社の神輿《しんよ》（御輿《みこし》のこと）をかついで大挙して京の街へ押し寄せ、要求の実現を迫った。しかし政府（公家たち）は、この僧兵の横暴、無理難題を抑えることができない。僧兵の口にする神仏の威光やタタリを恐れて尻込みするのだ。

この神輿を錦の御旗にして、従わないと神罰や仏罰、タタリがあるぞと脅す、彼らの無法、空威張りに、迷信に呪縛された公家たちは手も足も出ない。結局ここでも、政府はその窮地を、神仏など全く信じない新興の武士階級の武力に頼らざるを得ないのだった。

ここに清盛が頭角を現すチャンスがあった。彼はかつて父親忠盛が、僧兵の説得、鎮圧に失敗して政府の怒りを買い、殊勝にも責任を痛感して自害した痛恨の悲劇を忘れていなかった。今度はそのお鉢が自分に回って来たのだ。清盛の心中ひそかに、父親の無念を晴らす怒り、決意があったことは想像に難くない。

神輿を射抜く清盛の剛勇……この映画最高のクライマックス

さて注目のクライマックスシーンである。今清盛は、大挙して比叡山を下り、都に押し寄せた僧兵たちの大群の前に敢然として立ちはだかった。周囲には恐いもの見たさに、この両者の対決を遠巻きに見守る群衆の群れがあった。

この溝口作品ならではの大群集撮影は実に豪勢で圧巻、観客も息を呑む。

ちなみに溝口監督と懇意の映画評論家、津村秀夫氏の以下の一文は興味深い。

……………………

「新・平家物語」は色彩の大作だけに、（略）晩年の溝口作品としては最も製作費がかさんだものだったが——あの中に比叡山にロケして、大学生のエキストラ八百名を僧兵に使い、大挙して京へなだれこむ進軍を描くところがあった。この場面は大群集撮影で、エキストラの費用だけでも一日に大学生のアルバイト代と、それに撮影隊総員約九十名、その他機材の運搬費、弁当その他かれこれ一日で八十万円かかるという大仕事であった。（参考文献㉑）

……………………

話を戻す。居並ぶ僧兵や群衆を前にして、今清盛の胸中を去来したものは何であったろうか。父忠盛を無惨な自死に追い込んだ僧兵たちの無法や横暴への怨み。いやそれ以上に、今度もまた自分に尻ぬぐいさせる公家たちの相も変わらぬ無能と無責任。拱手《きょうしゅ》傍観を決めこむ彼らの卑怯とズルさ。

それらへの積年の憤懣《ふんまん》と怒りが、今清盛をして復讐の鬼へと変身させた。そして彼の行動は父忠盛には恐ろしくて思いも寄らぬ、実に豪胆きわまる過激なものに飛躍した。

「新・平家物語」　写真提供：KADOKAWA

清盛はやおら弓を取ると、矢をつがえて、なんと僧兵たちの担《かつ》いで来た神輿に的を絞った。

それを見た僧兵たちが驚愕し、腰を抜かした。動揺した彼らは口々にタタリじゃ！　神罰がくだる！　と悲鳴とも絶叫ともつかぬ奇声を発して四散した。その彼らの見えすいた空しいアガキに、清盛は昂然と鉄槌《てっつい》を下す。

「タタリがあるかどうか、オレが証明してやる」と叫び、引き絞った矢で、見事に御輿のど真ん中を射抜いて見せた。そして叫ぶ。

「どうだ！　何の罰もタタリもないではないか！」と。

そして彼は会心の笑みを見せるのだった。逃げ惑う僧兵たちを尻目にして。

この瞬間の、この清盛の雄姿こそ、この映画のすべてであった。と私は断言して憚《はばか》らない。このシーンを描くために、実はこの映画が作られた、と言っても過言ではない。それほどの印象深い決定的な名シーンであった。

また俳優の市川雷蔵氏が、これほどかっこよく輝いた映画も、私はこの溝口作品を措《お》いて他に知らない。

ともあれこの神輿を何恐れることなく射抜いた清盛の快挙は、古代の支配者の権威のインチキやウソッパチをあばいたものとして暗示に富む。彼らの時代は終わり、神仏の権威などものともせず、戦場で命をかけて戦う、武士階級の現実主義の勝利だ。それは中世、武家政権（平氏政権）の到来を予告する。


（完）

③『近松物語』（一九五四年）

溝口監督の名を知った衝撃の感動作……リアリズム映画の最高峰

溝口監督の歴史映画の三本目（最後）に紹介するのは、日本の江戸期の封建制を真っ向から描いたこの『近松物語』である。

この映画に出会い、私のそれまでの映画観は一変した。溝口作品のリアリズムの、その「現実再現欲」の熱意と努力の凄《すご》さに私は打ちのめされてしまった。日本にこんなに凄い映画があったのか。その時三十代の私は、その衝撃と感動、そして余韻のあまりの大きさに、胸がいっぱいになり言葉を失った。

そしてこの作品との出会いが、以後、生涯にわたる私の同監督への私淑、傾倒を決定づけたと言って過言ではない。そういう意味で、この『近松物語』は私を生涯の溝口ファンにした運命的な作品と呼んで今も恥じることはない。

「恥じることはない」と私は書いた。その点に関連して、唐突だが一つの私事を披露させていただく。

私は三人の子を持つ父親だが、その中のただ一人の男児（長男）に健二という名を付けた。健一ではなく健二と命名したのは、ほかならぬ溝口監督の芳名「健二」にあやかったからだ。

彼がその将来において、自らの意志で溝口映画を見に行く機会などまずないと思われる。ちなみに言えば、私は一度だけ彼を連れて、例のシネ・ヌーヴォに『山椒大夫』を観に行ったことがあったが……。

これなど稀有な体験だが、彼（健二）にとっては若い日の一過性の記憶、思い出にすぎないはずだ。それでいいと私は覚悟の上だ。

ただ彼が自分の名前の由来について、それは父親が大好きだった映画監督の名前であること、その一事だけでも忘れないでいてくれたら私は嬉しく満足なのである。子に伝え残すものなど皆無に等しい父親として、せめて私の映画を愛した、その生涯の青春の痕跡として、名匠・溝口健二氏の名前くらい覚えていてくれたら、私は嬉しく幸せなのである。

そういう意味でも、私は息子を健二と命名したことを、氏の作品の熱心なファンであることと同様に今も「恥じることはない」のである。

のっけから些末な自慢・感傷話になってしまった。ご寛恕《かんじょ》を乞うところである。

専門家もこぞって絶賛する溝口作品の最高傑作

さてこの『近松物語』は、私自身、先にも書いたように私の大好きな氏の最高傑作（至宝）である。ところで実はこの作品に対する評価は、映画制作関係者はもとより、評論家にいたるまですべて絶賛である。そのことがまた私は嬉しい。

「溝口健二のもっとも力量充実していた時期における最良の作品のひとつ」（佐藤忠男氏、参考文献①）。この映画の脚本担当の依田義賢氏は「整調された溝さんの作品としては最上の出来」（参考文献⑲）。さらにこの作品の企画担当者辻久一氏の以下の談話。

「溝口の親しい人の一人が、こんな作品をつくったら死ぬんじゃないか、と真面目に危惧していた。その予感が当たったのは悲しいことだが、全く異常な冴《さ》え方だった」（参考文献㉔）

ちなみに補足すれば、この『近松物語』を発表した二年後、溝口監督は他界された（一九五六年、享年五十八歳）。先の親しい関係者の予感、危惧が見事に適中したわけで、この作品の出来栄えはそれほど「異常な冴え方」を示していたらしい。

それにしても「死ぬんじゃないか」と危惧するほどの「冴え方」とは、珍しい賛辞だと注目した。氏の天分や才能がこの作品で一挙に神がかり的に噴出した、とでもいうことであろうか。

私はこの異常とも思える賛辞に（不謹慎な表現をお許しいただきたいが）、燃え尽きるロウソクが最後に放つ、あの異常に輝く閃光《せんこう》の美しさを連想した。何故なら溝口作品のリストを見た時、推測だが思い当たることがあった。この『近松物語』の前には氏の晩年の傑作が目白押しに並ぶ。『西鶴一代女』（二年前）、『雨月物語』（一年前）、『山椒大夫』（同年）と。

しかもそれらはヴェネチア国際映画祭でいずれも名誉ある受賞をし、「世界のミゾグチ」の名を不朽にした傑作ばかりである。

ところがこの『近松物語』は、海外受賞こそ逃したものの（理由は後述）、右の傑作群の頂点に位置する作品と言って過言ではない。つまり氏の才能や気力はこの時点ですべて出し尽くされ、燃え尽きた。そんな印象を持つ。「死ぬんじゃないか」という周囲の知人の気遣いは、実は溝口氏の最後の完全燃焼を洞察した炯眼《けいがん》、卓見《たっけん》であった、と私は思う。

女を犠牲にして恥じぬ男たちの卑劣……封建制批判の独自な視点

作品の物語に移る前に、この作品の概略について一言。この「歴史映画」が描く時代は、日本の封建制度が確立した近世の江戸時代。舞台は、京都でかなりの格式を持つ商家、大《だい》経師《きょうじ》一家の物語である。大経師とは、暦の発行を代々独占的にまかされて来た、由緒ある商家である。

　この商家で当時、人々を驚かせた実に酷《むご》く痛ましい男女の実話（悲話）があったらしい。その実話を、江戸期の代表的文学者（作家）の二人が作品として発表されたらしい。

　近松門左衛門氏の人形浄瑠璃劇（今日の文楽）『大経師昔暦《むかしごよみ》』と、井原西鶴氏の小説（浮世草子）『好色五人女』である。

　映画はこの二つを原作として、溝口監督と依田義賢氏（脚本）が、現代風に解釈し直し、脚色されたらしい。その物語については後述するため、ここでは措《お》く。

　私がここで触れておきたいのは、この映画が描く当時の封建制度や封建道徳に対する批判の、その独自《ユニーク》な視点である。

　周知のように封建制度とは、支配者である武士階級の支配や利益を守り維持するための政策である。その最大の特徴は身分制度（士農工商）や家族制度（家父長絶対主義、女性に強いられる三従の道徳）に代表される、上下尊卑の身分秩序の徹底である。上の者には絶対服従を強いる縦社会維持のための「服従」道徳の徹底と言い換えてもいい。

　しかし映画は、支配者である武士たちの非道・理不尽を描くものではない。あくまで支配される側の庶民、つまり町人家族（工商）の中にまで貫徹して張りめぐらされた封建道徳（上下尊卑、男尊女卑）の非人間性や、その無惨な不幸、悲劇に焦点を当てる。

具体的には、大経師の主人以春《いしゅん》の若妻、おさんの不幸と、彼女に同情するこの商家の奉公人（手代）茂兵衛、その二人のひょんなきっかけから始まった恋愛物語を描く。

その結局は無惨な結末に終わった悲恋物語を通じて、溝口監督は、氏の独特の視点からの封建制批判を展開される。それが先の表題に書いた内容（「女を犠牲にして恥じぬ……」）となる。

氏の批判の矛先は、武士には向けられない。おさんや茂兵衛を取り巻く周囲の男たちの、その揃いも揃った人間性の卑しさや狡《ずる》さが槍玉に挙げられる。

実際、この映画に登場する男たちは、二人（茂兵衛と彼の父親源兵衛）を除いて、ロクな男はいない。自分の都合や保身しか頭にないわがままで無責任な男、小心なくせに欲深く狡猾、そして好色といった「日本の男たちのあらゆる種類のダメさ加減、下等さ加減の展示会を見るような」（参考文献⑳）ものばかりである。

ここに溝口監督の封建制を批判する独自の視点が明らかである。氏にとって封建制の理不尽とは、どうやら女を差別、犠牲にして少しも恥じることのない男たちへの怒り、憎しみ、そして告発であった。それは同時に揶揄《やゆ》、嘲弄《ちょうろう》でもあった。

そのためこの映画は喜劇の趣をも併せ持つ。観客席から、登場する男たちのダメさ加減に呆れてものが言えないと、失笑や哄笑《こうしょう》が絶えない。

それがこの深刻な悲恋物語に一服の休息、救いをもたらす。つまりこの『近松物語』は、名匠溝口監督のリアリズムが生んだ悲劇の傑作であると同時に、実は氏の男性嫌い（男性不信）が垣間見える喜劇でもあった。その二面性こそが、私がこの作品を今も愛する理由の一つであったことを言い添えておきたい。

夫はケチなくせに浮気者……若妻おさんの苦悩と怒り

物語に入る。冒頭、大経師の店に、おさん（香川京子）の母親おこう（浪花千栄子）が人目を忍んでこっそり娘に会いに来た。また金の無心だ。大経師の家へ、もともと愛のない結婚を強いられて来たおさんには、この母の来訪は実家の恥をさらすようで肩身が狭い。一番来てほしくない相手だった。

と言うのもおさんの実家は、兄の道喜（田中春男）が遊び好きのナマクラ者のため、家業がうまくいかず、何かというとこの大経師の家を頼って来る。今日も母親は実家の窮状を綿々と訴え、銀五貫の用立てを頼む仕末だ。

ちなみに言えば、この兄道喜こそ、先のダメ男の典型だ。商売上の失敗は、妹おさんへの借金を当てにし、自分は平然と、家に音曲の師匠を呼んで下手な道楽の稽古にうつつを抜かす体たらくぶりだ。この妹への借金こそが、後のおさんの悲劇の発端をなすため、この兄のナマクラぶりの罪や責任は大きい。

さておさんは本音を言えば、もううんざりなのだ。肩身が狭いだけではなかった。夫の以春（進藤栄太郎）が評判のケチン坊で、おさんの実家の話になると、露骨に不機嫌な顔になり「ビタ一文出す金はない！」と、まるで耳を貸そうとしない。そのためおさんは母親の頼みを、この吝嗇《りんしょく》な亭主に言い出せないのだ。

私はここに当時の女性を縛り続けた封建道徳（＝三従の教え）を見る思いがした。女は子供の時は親に従い、結婚すれば夫に従い、夫が死ねば今度は家長になった子に従う。つまり女性が自己を主張する場は生涯一度もなく、生まれてから死ぬまで常に「服従」を強いられ、それに堪え続けねばならない。

今おさんは、その三従の二つに縛られ苦悩している。実家の不始末に何故今も自分は巻き込まれねばならないのか。兄がいるではないか。しかし母親に頼まれると無下に断れない。親への服従は絶対だからだ。

一方夫に頼もうにも、夫がダメだと言えば、それ以上何も言えない。夫に絶対服従も当時の道徳である。今日の男女平等の常識からはおよそ考えられぬ当時の女性が縛られた軛《くびき》の重さである。

それにしても、親と夫への二従のはざまで苦悩するおさんの設定は、見事と言うほかはない。封建制度の矛盾（欠陥）の根幹を、その最大の犠牲者である女性の境遇に設定した監督や脚本の炯眼《けいがん》、見識はさすがだと私は脱帽した。

ところで映画は、おさんの夫以春の吝嗇以外のもう一つの悪癖を明かす。彼はおさんには内緒で、店の主人の権威を悪用して、奉公人の一人、若い女中のお玉（南田洋子）を口説いているのだ。言うことを聞けば家の一軒も持たせて楽な妾《めかけ》にしてやると、かねてよりしつこく迫っていた。お玉にその気は全くないのだが、相手が店の主人であるため、彼女は人知れず苦悩している。

これが大経師の主人以春の正体だった。妻の実家にはビタ一文出す金はないと公言する男が、裏で若い女中を妾に囲う金は少しも惜しもうとしない。この吝嗇と好色の男以春を、溝口作品の常連脇役、進藤英太郎氏が好演される。先に触れたこの作品のダメ男の道喜に次ぐ二人目の登場である。

心優しい奉公人の親切に縋《すが》るおさん……手代茂兵衛の尽力

金策を誰にも口に出せず苦悩するおさん。その暗く沈んだ「お家《いえ》さん」の表情に逸《いち》早く敏感に気付いた奉公人がいた。この店で一番仕事のできる有能な手代茂兵衛（長谷川一夫）である。彼の心優しい気遣いに、他に相談できる相手もないおさんは、つい心を許して窮状を打ち明ける。茂兵衛はそれしきのことお安いことと、早速、主人の印鑑を使って為替を作ろうとする。主人の日頃の信頼の厚い彼にしてみれば、そんなことはこれまでにも例のあったことらしい。

ところが、思いもせぬ横槍が入り、茂兵衛のせっかくの善意は結局挫折した。三人目のロクデナシ男、番頭の助右衛門（小沢栄、のち栄太郎）の登場だ。

助右衛門は、茂兵衛の印鑑の無断使用の習慣はよくあることを熟知しながら、この時は何故か意地悪くこれを見咎《とが》め、見逃してやるからその金額の上に自分の取り分を上乗せしろと不正を迫ったのだ。ムッとして番頭を見返す茂兵衛の表情に、この奸物への日頃の不信がありありと浮かぶ。

茂兵衛はただちに為替の件は断念し、潔く主人の以春のもとへ詫《わ》びに行く。彼にしてみれば「お家さん」の難儀を救うための処置だから、いささかも不正や罪の意識はなかった。しかし、その自分のせっかくの善意がこんな番頭の悪事に利用されてはたまらない。正直で忠勤な手代のこれが本音であったろう。

ところが以春に詫びに行った茂兵衛の前に、何とも意外な光景が展開した。以春は、この腕のいい忠義者の手代を信頼していた。不審に思って一体何のために使う金かと追及した。茂兵衛は一瞬、返答に窮した。主人には内緒でと口止めした「お家さん」への配慮が脳裏をかすめたのかも知れない。ところが……。

その時だった。どこで見ていたのか女中のお玉が飛び出して来た。以春の前に手をついて、それは私が茂兵衛さんにお願いした金だと、一気に嘘の申し立てをした。呆気《あっけ》にとられる茂兵衛。それは、おさんも同じだった。

おさんは、夫に叱られている茂兵衛をひそかに見ていて、それは自分のせいだと弁明しようとした矢先のことだった。一体どういうこと？　以春は以春で何のことかさっぱり見当がつかない。ただ彼はひそかに口説いていたお玉が、よりにもよって手代風情を頼っていたのかと鼻白み、面白くないことこの上ない。

そのイライラを彼は茂兵衛一人に八つ当たりして、番頭に命じて彼を離れの物置小屋に監禁させた。番頭の助右衛門が、自分の悪事を隠して、茂兵衛一人に罪を着せて、知らぬふりを決めこんだのは、この男のいつもながらの狡《ずる》さであった。

夫の浮気を知ったおさんの義憤……不義密通だと逆に居直る夫

結局、おさんの銀五貫という金の工面は、お玉という女中の突然の出現で吹っ飛んでしまった。しかしお玉の出現で、事態は思いもせぬ展開を見せる。五貫の金どころでない、それは大経師の屋台骨を揺るがす一大不祥事へと、物語は急転して行くからだ。

まず、おさんはお玉を呼んで、何故自分に代わって茂兵衛をかばったのかと問うた。するとお玉は、自分がかねてより茂兵衛さんを好いていることを正直に告白した。

さらに彼女が、旦那さん（以春）の日頃の自分への無体な振る舞いを打ち明けると、お

「近松物語」　写真提供：KADOKAWA

さんは愕然とした。妾になれという話だけでなく、彼は夜中に自分の寝室に忍び込んで来ると言う。

おさんの表情が硬直した。彼女は夫の浮気や、その恥ずかしい振る舞いに心底義憤にふるえたようだ。お玉の真摯な恋を守ってやるためにも、また夫のその破廉恥な醜行を懲《こ》らしめるためにも、おさんは一計を決断し、果敢に実行に移した。

その夜、おさんはわざとお玉と寝室を取り替えた。お玉と思って忍びこんで来た夫の現場をとりおさえ、グウの音も出ないほど取っちめてやろうという計略だった。

ところが何という運命の皮肉、おさんの寝ている部屋へ忍びこんで来たのは、夫の以春ではなく、あろうことか茂兵衛だった。

この偶然の行き違いが、結果的にこの後の二人の運命を決定的に変えてしまうことになるのだが、もちろんこの時は誰も予測し得ない。それだけにこのシーンは絶妙の巧さだ。

実は茂兵衛は、監視役の小僧たちが居眠りしているスキに小屋を抜け出して来たのだ。日頃何かと自分に親切なお玉が、昼間、突如自分をかばってくれたことに、一言礼を言おうと、彼女の寝床の中へ忍び入ったのだった。

しかし相手はお玉ではなく、なんと「お家さん」のおさんではないか。仰天したのは茂兵衛だけではない。おさんも同じで二人はあわてて飛び離れようとした。

と、間の悪いことには、そこへおさんが取っちめようと心積もりしていた以春が入って来たからたまらない。寝床の中でとり乱した二人を発見した以春が、一瞬、二人の不義密通の現場を目撃したと、早合点したのも無理はなかった。

しかし、身の潔癖に自信のあるおさんは、いささかも動ずることなく、冷静に事の次第を釈明した。あなたの女中に対する不始末を糺《ただ》すために私はここにいたのだと。

一方、自分に後ろめたさを持つ以春は、おさん以上にとり乱しながら、それを気取《けど》られないよう逆に巧妙に居直った。オレに意見するつもりなら、どうしてここに茂兵衛と一緒にいたのかと、逆《さか》ネジを食わせ、あくまで二人の不義密通を責め続けた。

そこには以春の、自分のお玉への邪心を知られたくない男の保身と狡猾《こうかつ》が見え見えだ。問題を相手の矛盾を非難することですりかえようとする夫の不正直と卑劣、その醜さ。

おさんが、つくづく夫以春の人間性の卑しさ、その救いようのない陋劣《ろうれつ》さに絶望し愛想を尽かしたのはこの時ではなかったか。妻の誠意に全く耳を貸そうとせず、ひたすら自分の不潔な浮気を懸命に言いつくろい、反省の色など微塵もないこの男以春の下劣さ。おさんは思った。私はかねてよりこの夫に少しも愛されていないことは解っていた。いや、もう愛されたいとも思わない。おさんの中でプツンと何かが切れた。

夫との訣別を決意したおさんは、この後こっそり家を出た。以春や番頭らが彼女の失踪《しっそう》に気付き、人を出して捜しに走らせたのは、それから間もなくだった。しかしどこにもその姿は見当たらず、すべては後の祭りであった。

おさんは、ついに生まれて初めて「三従」の呪縛《じゅばく》を自らの意志で断ち切ろうと、未知の自由に向けて第一歩を踏み出したのだ。

茂兵衛も出奔《しゅっぽん》し、不義密通者を出した大経師の家の動揺と苦境

以春にとってショックだったのは、おさんの行方不明の後、手代の茂兵衛までもが出奔してしまったことだ。

彼は彼なりにこの家に見切りをつけたらしい。仕事のできるこの有能な青年は、大阪に行けば働き口くらいは何とかなると踏んだらしい。ところが途中で偶然、先に家を出た「お家さん」のおさんを発見して驚く。

彼女は茂兵衛と違って、頼って行く先の当てなど全くない。その途方に暮れた心細そうなおさんを心優しい茂兵衛は捨てておけず、とりあえず大阪までmでもと同行を促し、おさんもその不安の身を預ける。かくて人妻おさんに手代茂兵衛が献身的に付き添う、二人の

彷徨が始まった。

しかし二人の前途は、若い彼らが考えていたほど甘くはなく、障害、危険が立ちはだかる。中でも大経師が差し向けた追っ手の監視、追及の網は日増しに厳しくなり、それは道中の役人の詮議の目にもうかがわれ、大阪行きも危険で、ついに二人は断念を余儀なくされた。彼らは一体これからどうするのか?

ここで彼らを追う大経師以春の、その周章狼狽《しゅうしょうろうばい》した困惑と動揺ぶりについて一言触れねばならない。

以春は、彼自らが「不義密通者」の烙印《らくいん》を押しつけ罵倒した二人（妻と手代）が、まさか家を出て行くとは思いもしなかった。おさんの真面目な言い分に耳を貸さず、事の真相を確かめもせず不義者呼ばわりした彼自身の軽率、短慮の、それは報いであり、まさに自業自得であった。

今二人が現実にいなくなって、それは大経師の家から「不義密通者」を出したことを、世間に公表したのも同然の、以春の致命的な失態であった。

当時、不義密通は犯罪で、当事者は磔《はりつけ》の極刑（死刑）、それを出した家は闕所《けっしょ》（とりつぶし）の刑である。以春は強欲でケチ、そして何より好色のダメ男の典型であるが、この種の男に共通の、実は臆病な小心者でもある。

彼は二人の出奔を駆け落ちと早合点し、震え上がった。その狼狽、動揺を隠すため番頭の助右衛門に命じた。おさんだけを連れ戻し、茂兵衛は棄《す》て置けと。そうすることで妻の出奔を不義密通ではなく、単なる失踪事件と糊塗《こと》する。これが彼の必死の窮余の一策、悪知恵であった。

興味深いのは番頭助右衛門の面従腹背の腹黒さである。彼は以春の前では忠実を装うが、二人を捜す配下の者には、二人の身柄を一緒に捕まえろと、くどいほど念を押す。

この助右衛門の腹黒さは徹底している。どうやらこの男には、大経師の家が窮地に陥り、没落の憂き目に会うことをひそかに期待するフシがある。映画は、大経師の後釜を狙う同業の奸商以三《いさん》（石黒達也）の誘惑にひそかに協力する助右衛門の打算、出世欲を、さりげなく描く。

こうして以春を演じる進藤英太郎氏、助右衛門の小沢栄太郎氏、先に触れた道喜の田中春男氏と、この映画のダメ男たちの「展示会」もいよいよ役者が勢揃いしたのである。

「死ねのうなった」……投身を翻意して生きる決意をするおさん

さて、追っ手の監視網の厳しさに、万策尽き果てたおさんと茂兵衛のその後の顛末《てんまつ》である。

生き延びる希望を失った二人はついに、途中の琵琶湖で心中を決意した。舟の中でおさ

ん の両足を紐《ひも》で縛った茂兵衛が、もう一度入水の覚悟を確かめた。うなずくおさん。その時であった。茂兵衛が、死の間際の今なら許されるだろうと、お家さんのおさんに禁断の恋を告白した。実は以前からあなた様をずっとお慕い申しておりました、と。それを聞いたおさんの表情が一瞬、停止、凍結した。そして彼女は言い放った。「それを聞いて死ねのうなった」と。

そして彼女は茂兵衛の胸にとび込み、二人は舟の中でひしと抱き合った。死ぬのはやめて二人で生きよう、幸せになるためもう一度生きのびようと。自分の意思を封じられていたおさんが、今生涯で初めて茂兵衛との愛を自覚し、自分の意志で生き抜く決心をしたのだ。遅きに失したキライはあったが。

このシーンこそ、この映画の一番のクライマックスシーンだ。また溝口作品では珍しいラブシーンとして印象に残る。中でもおさんの口にした「死ねのうなった」というセリフは、この時の香川京子氏の悲壮な美しさ、凛とした表情と共に忘れられない。それは大袈裟に言えば、女性が自立して生きる、一種の人間回復の叫びのように私には思えるのだった。

本物の不義密通者として生きる……二人の愛の逃避行（道行《みちゆ》き）

さて、心中することをやめ、生きのびることを誓い合った二人の決死の愛の逃避行（道行き）が始まった。二人は今や、それまでの不運な行き違いや誤解によって仕立てられた不本意な不義密通者ではない。琵琶湖の舟の上で図らずもお互いの愛を確認し合った二人は、今や本物の不義密通者として生きのびる。まさに愛を誓った男女の、死を恐れぬ命がけの駆け落ち、愛の逃避行の始まりである。

映画はここから、ハラハラドキドキの、まるでサスペンス映画を見るような緊張とスリルにつつまれる。二人を追跡する役人や追っ手の眼は、ついにこっそり宿泊した宿屋にまで及ぶ。逃げ場を失った二人はまさに四面楚歌。

彼らが最後に頼ったのは、琵琶湖を越えた山里の茂兵衛の実家であった。そこには老父源兵衛（菅井一郎）がひっそりと独りで暮らしている。彼は不肖の息子とその連れを、少し離れた粗朶《そだ》小屋にかくまってくれた。しかし追及の手はやがてここにも及び、ついに二人は捕まってしまった。

ところが大経師の思惑があったらしく、おさんだけが茂兵衛と引き離され、彼女の実家に連れ戻されて行った。茂兵衛一人だけが監禁され、役人が来るまで父親源兵衛にその監視役が命ぜられた。

この父親こそ、ダメ男揃いのこの映画の中で、茂兵衛と並ぶ数少ないマトモな男性の一人であった。彼は息子の不始末に激怒する。が最後には「この親不孝モンが！」と罵《ののし》りながら、それでも不肖の息子の縄を切り、逃がしてやるのだった。自分の監視役の怠慢を責められることなど眼中にない、不憫な息子を思う親の情や苦悩が、惻々《そくそく》として胸を打つ忘れられないシーンだ。

この映画で不義者の二人にただ一人理解を示す老父を、菅井一郎氏が、その苦渋と悲哀を苦味《にがみ》の利いた個性で好演された。進藤氏と並ぶ溝口作品の名脇役として忘れられない。

茂兵衛との愛に殉ずるおさん……母親の説得を拒否する娘の自立

茂兵衛は父親の恩情で逃亡の機会を与えられた。彼はその足で一目散におさんの実家へ忍んで行った。

待ち焦がれたおさんは、茂兵衛とひしと抱き合う。二人は離れない。母親のおこうはオロオロするが、それでも抜け目なく茂兵衛に娘おさんと別れてくれと必死の懇願をする。おこうの頭には結局、娘の幸福よりも大経師の庇護を得たい彼女自身の打算、保身しかなかった。

「近松物語」　写真提供：KADOKAWA

おさんは今、その母親の相も変わらぬエゴイズムに毅然と反抗した。私はもう母親の言いなりの奴隷にはならない。私を愛してくれる茂兵衛さんとの愛に生きる。と、その二人の長い抱擁は物語っているかのようだ。

この親の説得に微塵も動揺せぬ二人の抱擁シーンに、私はこの作品の主題が凝縮されていると思った。理不尽な封建道徳（三従）に縛られて来たおさんは、茂兵衛という恰好の同伴者を得て、今初めてその軛《くびき》からわが身を解放することができたのだ。茂兵衛との愛に殉ずることで、今おさんは、生まれて初めて、人間らしい人間として自らを回復し、取り戻すことができたと言えようか。

そういう意味で、この映画は、理不尽な封建道徳に反抗して、命がけで戦った若い男女の人間解放の物語と言えようか。しかしそれにしても、その支払った代償はあまりにも大きかった。

刑場に引かれて行く二人の表情の満足と微笑……圧巻のラストシーン

映画は、感動のラストシーンへと移る。

結局、二人の意志は固く、周囲（とくに大経師の）のあらゆる姑息な策動はすべて水泡に帰した。二人は不義密通者として逮捕、処刑される「自由」と「覚悟」を選択したからだ。そのため大経師の家は取りつぶされ、以春は失脚した。

今、そのガランと空き家になった大経師の家の前を、多くの群衆の見上げる中、これからハリツケになるおさんと茂兵衛が、馬に乗せられ、背中合わせに縛られて、市中を引きまわされて、刑場へ向かう。

ところが二人の表情は、これが死刑囚のそれとは思えぬほど明るく、微笑さえ感じられた。二人の姿を遠目に見守り、合掌する、かつて大経師の下働きだった女たちの間から、感嘆の囁《ささや》きが聞こえて来た。

あんな生き生きした、嬉しそうなお家さんや茂兵衛さんは見たことがない。そんな囁きの声だった。そしてそれらの声に見送られて、二人は今刑場の露と消える運命に向かって進んで行く。映画はその遠景を映して、そこでエンドマーク（終）となる。

私はこのラストシーン、この時の群衆の一員になったかのような一体感と臨場感で、二人の死刑囚を見送り、心の中で合掌した。

冒頭で触れた溝口監督の厳しいリアリズム手法が、歴史の真実を私に教えてくれる、その醍醐味と感動がここにあった。

（完）

④『浪華悲歌《なにわエレジー》』（一九三六年）

「女を描かせては当代一の名匠」……溝口映画の二つ目の魅力

「浪華悲歌」　©松竹株式会社

　さて、私の溝口作品の紹介目録《リスト》は、この項から一変する。これまで私は氏のリアリズムの魅力を、歴史映画（歴史の真実を描く）の傑作を通して紹介して来た（三本）。

　今後は、表題に記したように、氏が「女を愛し、女の本質を生涯追求した」、その「女を描いた名匠」の傑作に移る。ここでも氏の女性を視《み》る厳しいリアリズムは健在である。

　具体的にはこの『浪華悲歌』から『西鶴一代女』までの四本となる。その間に二本、氏が得意とされる「芸者物」を挟む（『祇園の姉妹』『祇園囃子』）。ご了解を乞う。

ところでまず触れねばならないことは、この『浪華悲歌』（溝口監督のトーキー第一作）と、続いて氏が作られた『祇園の姉妹』（次項で紹介）の、それら二作に対する専門家の異口同音の絶賛、つまり評価の高さである。

一例を挙げれば、溝口監督の助監督を一時期務められた増村保造氏。氏はこの二作をもって「日本映画にリアリズムが誕生した」とはっきり断定される。

そしてさらに「リアリズム作家、溝口健二の名をいよいよ高め」、不動のものにしたとも（参考文献⑥）。ちなみにこの点に関しては他の評論家諸氏の評価、賞賛も、おおむね一致する。どうやらこの二本の作品は、日本映画史におけるリアリズム映画の誕生、嚆矢《こうし》という、一種記念碑的栄誉を持つ作品らしい。

そう言えば、多くの解説書が付記する以下の事実も参考になる。この年（昭和十一年）のキネマ旬報のベストテン二位は『浪華悲歌』、同一位は『祇園の姉妹』であったという。溝口監督は一人でこの年、一位と二位を独占されたわけで、まさに氏にとっては最良の年であったらしい。

戦後の映画ファンから見た、この戦前の傑作への距離感

それほど評価の高い先の二本に対して、私は正直に言ってさほどの衝撃は受けなかった。感動もしたし、感銘も受けた。しかし、溝口監督の「代表作」と絶賛されると、私は単純に共感できないものが残った。理由は二つ。

その一は、私自身これらの名作を、公開された当時に見ていない（私はまだ生まれていない）、という世代的距離感。それらの名作に私が初めて接したのは、作品封切り後、半世紀以上が経った戦後の名画館の再上映においてである。そのためこれらの作品が、当時の映画ファンや映画界に与えたであろう強烈な衝撃や感動を、私は残念ながら共有できないのである。

その二。この戦前の傑作より先に、つまり逸早く私は溝口監督の晩年の傑作群（『近松物語』や後述する『雨月物語』など）を見てしまっている。これは私にとって不幸だったのかも知れない。

溝口作品の「完成作」と呼んでもいい、それらの晩年の傑作から得た衝撃や感動に較べると、悲しいかな、リアリズム誕生という画期的意義を持つそれらの作品も、私にはいささか色褪せて映る。僭越な感想だが、私の本音の告白としてお許し願いたい。

唯一つ、強烈に印象に残ったことがあった。この二つの「リアリズム開花」作で、共に主人公の若い女性を演じた（大阪のＯＬと祇園の芸妓）、女優山田五十鈴《いすず》氏（当時、ファンは「ベルちゃん」との愛称で呼んだらしい）の、その戦闘的とでも表したい、男顔負けの烈しい気迫と個性、そして演技力。それらの発するオーラの圧巻である。

山田氏は当時まだ十八歳。私は日本映画界に、こういう凄い女優さんがおられたのかと、自分の無知を啓《ひら》かれた。つまり私にとって、先の二本の名画は、女優山田五十鈴氏の魅力、存在感に尽きる、と言っても過言ではなかった。

家族の犠牲となって、戦闘的に生きる大阪の若い娘（事務員）

早速、物語の概略に移る。大阪の製薬会社（船場の老舗《しにせ》）に勤める若いＯＬ村井アヤ子（山田五十鈴）の物語である。

彼女の父親は意気地のないダラシない男だ。会社の金を使いこんで、今や訴えかけられている。アヤ子は父を刑務所にやらないため、何とか自分で金を工面しなければならない、と健気に思案する。同じ会社の西村（原健作）という青年が恋人だが、貧しい彼に相談しても頼りにならない。

そんな時、社長（店主）の麻居《あさい》（志賀廼屋弁慶《しがのやべんけい》）が、中年にありがちな浮気癖からアヤ子に目をつけ、自分の妾《めかけ》（二号）になれとしつこく口説く。アヤ子は、父が横領した金を出してもらう条件で麻居の妾になり、アパートに囲われることになった。お蔭で父親は救われた。

会社を辞めてぜいたくな暮らしをするようになったアヤ子は、ある日偶然再会した西村から結婚を申し込まれる。彼女はさすがに胸をしめつけられる思いに苦しむが、今の自分の境遇は知らせず立ち去る。

「浪華悲歌」　©松竹株式会社

麻居の妻すみ子（梅村蓉子）が二人の関係を嗅ぎつけた。妻に頭が上がらぬ麻居は、なんと即座にアヤ子と別れさせられてしまった。この社長も腰の据《す》わらぬ軽い男だ。

自由になったアヤ子はほっとして西村のところへ行こうとする。その途中、妹に出会った。すると今度は彼女が家の難儀を訴えた。東京の大学へ行っている兄が、学資が続かず卒業がむずかしくなって、家に帰って来ていると言う。アヤ子はうんざりしたはずだ。学資ぐらい自分で何とかしろよ！　と内心、この父親同様腑甲斐《ふがい》ない兄の無能を罵《ののし》ったはずだ。

それでもアヤ子が偉かったのは、彼女はその兄の学資を工面してやろうと、彼女なりに一肌脱いだことだ。かねがねアヤ子に好色な眼を投げてよこす株屋の藤野（進藤英太郎）を誘惑して、自分のアパートに連れ込んだ。

一方で西村を夫役《おっと》に仕立てて、藤野との濡れ場にどなりこませ、まんまと金をゆすり取った。そしてその金を父に送った。ちなみに父親がその金を兄に手渡した形跡は、映画を見る限りない。おそらく手渡さなかったものと推定される。

ところでおさまらないのは藤野だ。彼が警察に訴えたため、二人は美人局《つつもたせ》の嫌疑で逮捕された。中年男を手玉に取ろうとしたアヤ子の大胆な策略はいささか無謀すぎた。

しかしアヤ子がショックだったのは、西村の背信だった。信じていた西村が、わが身可愛さから、なんと罪を全部アヤ子にかぶせて、自分はだまされて行ったのだ、あいつは恐ろしい女だと彼女をあしざまに罵《ののし》り、訴えたことだ。

そんな男を自分は愛していたのか、とアヤ子はホゾをかむ思いで幻滅した。

それでも、冷たい留置場を、身柄引受人の父に連れられて出た時、アヤ子は冷静さを取り戻し、やっぱり家が一番いいと思い、久し振りの実家に帰った。ところがそこにも彼女の居場所はなかったのだ。

予想もしない家族の冷淡と薄情……家を飛び出すアヤ子の絶望と孤独

ちょうど一家はスキ焼きの鍋を囲んでいた。しかし兄と妹のアヤ子を見る眼は冷たく厳しい。一緒におあがりとさえ言ってくれない。

それどころか兄は、そんな不良少女は家に入れるなと、威丈高《いたけだか》にアヤ子を罵り、追い出しにかかる始末だ。アヤ子は呆然として、あいた口が塞《ふさ》がらぬほどのショックだ。

もとはと言えば、この兄の腑甲斐なさ（学資不足で帰って来た）を助けるために、妹は健気にも警察の厄介になる「不良」を演じたのではなかったか。その事情を兄は全く知らされていないらしい。

それを伝えぬ父親も父親だ。彼自身、自分の無能ゆえの不始末を、この娘の身を切るような犠牲（社長の二号になる）で尻ぬぐいしてもらっておきながら、しかも兄の分の尻ぬぐいまでさせておきながら、一言の謝辞はおろか、この場で茫然自失するアヤ子に何の救いの手も差し伸べない。沈黙して傍観するだけだ。

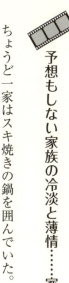

この父親の無能、無責任は異常、目にあまる。ちなみに言えばこの「無能な父親は、自分の父がモデルである」と溝口氏自身、語っておられるらしい（参考文献㉒）。

それにしてもアヤ子のこの家族への絶望、愛想尽かしは察して余りある。自分のこれまでのこの一家への仕送りや献身は一体何であったのか。肉親ならいちいち口に出して言わなくても、自分の苦労を察し、温かく迎えてくれていいはずではないか。

今アヤ子は、それらの思いや期待がすべて空しい幻想であったことを思い知らされた。恋人に裏切られ、今また家族の身勝手や薄情に打ちのめされた彼女は自暴自棄になって、ついにたまらず家を飛び出した。もちろん誰も、この行く当てのない彼女を引き留める者はいない。

こうして映画はラストシーンを迎える。道頓堀や心斎橋の明るく華やいだ通りに出た彼女は今、橋の欄干に佇《たたず》み、汚い夜の川面を見つめている。

と、知り合いの医者が通りかかり、彼女の生気のない顔を見て「病気とちがうか?」と声をかけて行く。するとアヤ子はキッとした表情で、「そうや、病気や、不良少女ちゅう立派な病気や!」と、気強く言い返す。

その自嘲の言葉を残して、この若い娘は橋を渡り、夕闇迫る浪華の街の中へまぎれこんで行く。これがこの映画のラストシーンだ。

一体彼女はこれからどうするのか? その重い問いを観客にもつきつけて、このリアリズム映画は終わる。そこには何の救いも何の感傷もない。あまりに厳しい、あまりに哀しい現実があるのみだ。

頼りにならないダメな父や兄……それでも尽くすアヤ子のいじらしさ

物語の紹介を終えた今、最後に私はこの作品の魅力について一言補足したい。冒頭でも少し触れたが、山田五十鈴氏演じるこの作品のヒロイン村井アヤ子の生き方と、それを支える彼女の強烈な個性、その魅力に尽きると私は思う。具体的に言えば、彼女の若さあふれる向こう意気の強さの内に秘められた、アヤ子の健気さと悲哀である。

この映画のヒロイン、村井アヤ子は従来の映画のヒロインとは大いに異なる。この点について評論家、猪俣勝人氏の以下のような指摘は参考になる（参考文献②）。

「我も強い。人一倍欲も強い。性格も歪《ゆが》んで、押しも強い。今までの映画のヒロインのように、なよなよとした可憐な美しさなど微塵もない。むしろ、いえば憎たらしいくらいだ。が、そんな可愛げのない少女が生まれ、育ち、そして生きていかなければならない浪華の街――それがこのドラマで描きたかった本当の主人公だったのではないだろうか」

確かにアヤ子は「なよなよ」していない、「可愛げのない」「憎たらしいくらいの少女」である。家族のためとはいえ、社長の二号にはなるし、言い寄るスケベエ男を騙《だま》しては警察につかまる。世間の常識から見れば「不良少女」「悪女」のレッテルを貼られてもおかしくはない。

しかし注目は、この「悪女」が何とも生き生きしていて頼もしく、私などは好感を覚えることだ。それは何故か？　ここに「女の本質を生涯追求した」溝口リアリズムの真骨頂の、その片鱗を見たと私は思った。

だらしない父や兄であっても、彼らの役に立とうとする努力を惜しまないアヤ子の健気な生き方は、若い娘の純情な正義感や義侠心と言うより、むしろ女性だけが持つ本能的な、無私の人間愛（優しさや寛大さ）ではなかったか。

そういう意味で、先の猪俣氏の指摘の最後の一節、この作品の「本当の主人公」は、アヤ子をそこまで追い込んだ「浪華の街」（の非情）だった、には私はいささか不満が残る。そういう見方もあろうかと思う。しかし私はその現実（浪華の街や男たち）に、体当たり的にぶつかり、はねかえされた若い娘アヤ子の、その壮絶な戦いの姿こそ、これまで誰も描かなかった女性の新たな本質であり、斬新な魅力だったと思う。

山田五十鈴氏の女優開眼……溝口監督との出会い

この『浪華悲歌』の異色のヒロイン、村井アヤ子の魅力は、実は彼女を演じた女優山田五十鈴氏の魅力（個性や演技力）に負うところが大きい。そして氏はこの溝口作品を回想して、「ああ映画ってものはこんなものか、女優とはこんなことをするのが本当なのか、なにかわかったような気がしました」（参考文献①）と、一種女優開眼宣言のような証言を残されている。

そこには氏がこの溝口作品で、「鬼の溝口」の厳しい薫陶を初めて体験した、忘れられぬ思い出があったらしい。

その詳細を山田氏は、新藤兼人氏のインタビューの中で縷《る》々《る》語られている（参考文献㉓）。後の大女優山田氏の若き日の苦闘や精進、さらにそれを強いた「鬼の溝口」の厳しい演技指導を垣間見る貴重な証言で、実に興味深い。以下に引用させていただく。

………………

「まあ、『浪華悲歌』までにも、溝口先生の作品に出てなかったことはないんですけど、やっぱりあの、わたしにとっても大変思い出深い作品ですし、先生のものとしても傑作中の傑作だと思うんです。……わたしも女優として、初めて、一生、自分が女優として、生きぬいていこうと思いましたのね、やはり『浪華悲歌』がきっかけでした。……それだけにね、自分の一生、決めたくらいな映画ですから、まあ、思い出もいろいろとありますけれど、溝口先生って方は、先生もご承知の通り、とってもきびしい先生でしたですねえ。それで、具体的におっしゃって下さらないんですよねえ、こうしろ、ああしろって。考えてこい、みたいな指導方法でしたから。忘れもしません、『浪華悲歌』でね警察から連れもどされましてねえ、あの、兄妹がみんな、すき焼き食べてる時に、わたしが、こう、なんとなく気まずい空気の中で、あっ、すき焼きや、うちよばれようって、台詞《セリフ》があったんですよね。これがダメなんです、出来なくて。三日間でしたか、リハーサル、リハーサルでね。とにかく、もう三日目にどうしようかと思って、わたしのほうからはじめてね、先生に、あの、今日はすみませんけど、やめさせていただきます、ていったんです。で、一晩ゆっくり考えたいと思いますっていったら、いいでしょう、考えて来て下さいって。……くやしいのと、あまりの自分のまずさ加減にあきれかえっているものの、一体どこがお気にめさないのか、具体的にいって下さいって、つっかかったんです、わたし、忘れもしませんね。そんなことといわなくても分かるでしょ、考えていらっしゃい、ておっしゃるんですよ、あの調子で。家へ帰ってね、じいっと一晩ほとんど寝ませんでした。……で、わたしは、今考えれば、多分こんなことだと思うんですよ。……単にすき焼きを食べたいんじゃないんですよね、先生。いろんな複雑な含みを持った、すき焼きや、うちもよばれよう、という台詞がね、ただそのおいしいすき焼きをよばれようという言い方だったんじゃないかと思うんですよ」

「……でもねえ、不思議なもんですねえ、あくる日あんまり考えないで、スパッといいましたらねえ（すき焼きのセリフ。奥井註）オーケーになっちゃったんですよ。そういうことがしばしばございましたねえ。……ラストシーンの橋の上、あそこのとこ、医者と会いまして、大事なシーンでしたけど、とにかくわたしが、芝居に作意があるともうだめなんですねえ。……あの橋の上では、忘れもしません、極寒の、本当寒い時でした。……で、こわい先生ですからねえ、わたしも上に物はおったりしないで、がまんして、ぶるぶるふるえながら橋の上に立ってたんですよ。休み時間も一生懸命自分で、あの、やってみてましたから、ぶるぶるふるえながら。……そうしたら、だまってうしろへ来てね、ご自分のオーバーをわたしに、スーッとかけて下さったの。その時は普段きびしいだけにわたし、先生、ジーッと涙が出て来ましてねえ、それが先生の暖かい方なんだなっていう思い出。

（以下略）」

………………

この後、山田氏はさらに「溝口先生」の「仕事以外の人間性」の、その「暖かさ」について述べられている。それは略す。

それにしても氏のこの証言は、映画ファンにはこたえられぬ面白さがあって、私はつい長々と引用させてもらった。

山田氏が「一生、自分が女優として、生きぬいていこう」と決意されたのは、溝口監督との出会い、就中《なかんずく》、この『浪華悲歌』との出会いがそのきっかけであった。この証言を私は銘記したいと思う。

鬼の名匠溝口氏は、山田氏以外にも数々の女優さんを鍛え上げ、絞り上げて、それぞれ日本映画を代表する大女優に成長させせられたようだ。田中絹代氏、香川京子氏、京マチ子氏など錚々《そうそう》たるメンバーの顔触れ、そして出演作品が思い浮かぶ。大女優の陰に名匠あり。私はこの持論をまたしても独り言《ご》つのだった。

（完）

⑤『祇園《ぎおん》の姉妹』（一九三六年）

京都の色街・祇園を生きる姉妹芸者の物語……再び山田五十鈴氏の魅力

「女を描く名匠」溝口監督の二作目は、やはり氏の戦前の作品から、この『祇園の姉妹』を私は取り上げたい。先にも触れたが、リアリズム映画の大成者、溝口氏の名前をさらに不朽のものにした、日本映画史に残る傑作として、専門家の評価も高い（キネマ旬報ベストテン第一位）。

「祇園の姉妹」　©松竹株式会社

先の『浪華悲歌』は、大阪を舞台にしたごく普通の娘（ＯＬ）が、腑甲斐ない家族（父や兄）を救うため、単身、健気に奮闘する物語であった。

今度は京都の色街《いろまち》、祇園を舞台にして、そこで働く二人の姉妹芸者を描く。前作が、大阪のダメ男を描く喜劇の様相を持ったのと同様に、この作品もまた彼女らの周囲に現れる男たちの好色癖やダメさ加減（狡《ずる》さや卑怯《ひきょう》）を笑いとばす点では、喜劇の趣を持つ。

しかし、はっきり異なる点が一つある。それは、二人の芸者の生き方の相違を描きながら、実は彼女たちを縛り続ける色街（花柳界）の因習のその理不尽に目を向けていることだ。言葉を換えれば、この映画は芸者世界の旧弊な陋習《ろうしゅう》を告発した一種の社会派ドラマの視点を持つ。その斬新さが何より特徴である。

それは作品の最後に妹芸者のおもちゃ（この源氏名が象徴的！）が、血を吐くような烈しさで叫ぶ以下のセリフに象徴、集約される。

「なんで芸妓《げいこ》みたいな女がなけりゃならんのや。こんなもン、こんな間違うたもン、なかったらええのや！」

さて、専門家の高い評価はそれとして、問題は私自身にとってのこの映画の面白さ、魅力である。私は二点に絞って述べる。

その一は、この作品で私は、それまで全く知らなかった色街、つまり花柳界の実態や内幕にちょっぴり目を啓《ひら》かれたことだ。この点に関しては次項で紹介する『祇園囃子《ばやし》』の方がはるかに入門的・初歩的で解りやすい。しかし、初めてその内幕を垣間見たという衝撃は、やはりこの作品の印象として忘れられない。

その二。この作品においても主人公の妹芸者〝おもちゃ〟を演じた、当時十八歳の新進女優山田五十鈴氏の魅力――強烈な個性と存在感――である。

山田氏は溝口監督の前作『浪華悲歌《なにわエレジー》』で、鬼の溝口の厳しい演出によく耐え、見事に女優として開眼された（既述）。その氏が、この作品ではなんと「水を得た魚のように」「自由奔放にやらしていただいた」と、以下のように述懐されている（参考文献㉓）。

「ですから、今でもあの映画観ますとね、まずいですけどね、非常にのびのびとやってます。自分でも最近観て、びっくりしたんですけどね。あの、ほんとに魚が水を得たっていいますかね、そういう感じで、役の中に、ほんとうに自分が生きられたんじゃないでしょうか。ですから、おもちゃって人間だか、わたしだか錯覚起こすくらいにね」

「ええ。あんな楽しかった撮影ございませんね、あの二本。まあ、出来ない時には三日も四日もテストされて、悲しい思いもしましたけどねえ。後半はどんどんどんどん、気持ちがいいほど、ええ、オーケー、オーケーで」

ここには鬼の溝口演出を糧《かて》として、女優として成長の道を歩む山田五十鈴氏の余裕と自信がうかがわれ頼もしい。溝口監督との出会いをこのように述懐される女優さんを、私は山田氏以外に知らない。氏は鬼の溝口演出を少しも怖れず、むしろ感謝して堪能されている。さすが後の大女優の「器《うつわ》」の大きさかと私は感心させられた。

ところで私は何を言いたい？　この映画『祇園の姉妹』の魅力も、結局は主人公（おもちゃ）を演じた女優山田五十鈴氏の魅力に負うところが大きかった。そのことである。

男に捧げ尽くす姉と、男を手玉にとって悪びれぬ妹……その好対照

作品のストーリーに移る。祇園で、自前芸者をする姉妹がいた。姉の梅吉（梅村蓉子）と妹のおもちゃ（山田五十鈴）である。二人は仲のいい、美しい芸者だったが、その考え方や生き方は対照的だった。

ある日、梅吉の前の旦那、木綿問屋の古沢（志賀廼家《しがのや》弁慶）が没落して、妻の故郷に帰るのを嫌い、居候《いそうろう》として姉妹の家にころがりこんで来た。このことをきっかけに姉妹の意見がはげしく衝突した。

梅吉は昔大変世話になった古沢に、義理人情の上からもできるだけ世話をするのが当然と言う。一方、おもちゃは、男なんてものは自分らを慰みものにしておいて、勝手のいい時に捨てていってしまうものだから、今さら古沢に実《じつ》を尽くすことはない、とはっきり言う。

姉妹の自前生活も決して楽なものではない。家賃もたまっていたし、もう秋の着替えの一つも作らなければならないこの時期だから、おもちゃは古沢にこの家から出て行ってもらうよう姉に説得する。しかし梅吉はがんとしてこれを聞き入れようとはしなかった。

おもちゃは、祇園の芸者には珍しい女学校まで出た新しい女である。そのため、一文の

得にもならないそんな男にこだわる姉の古くさいやり方が歯がゆくじれったい。そこまで義理を尽くすなんてバカげていると憤慨する。しかし一方でこの姉思いの妹は梅吉のために、ひそかに尽力して一計を案ずることも忘れない。

かねてより自分に好意を寄せる出入りの呉服屋の番頭木村（深見泰三）に話をもちかけて、おもちゃは梅吉の衣裳を作らせた。姉をいい宴会に数多く出せば、そのうちいい旦那もつくであろうと思いやるのだ。

その裏でおもちゃは、姉に気のある骨董屋（大倉文男）をひそかに口説いて、姉の旦那になってもらおうと画策した。古沢との手切れ金を骨董屋に出させ、その金を古沢に与えて、体よく彼を家から追い出すという、何とも綱渡りのような危ない芸当だが、何とかうまくいった。

梅吉は、突然姿を消した古沢にがっかりしたが、考え直したのか以後、妹の話をよく聞くようになり、ついにはおもちゃのすすめる骨董屋の世話になろうかと、考えるまでになった。妹の危《あぶ》なっかしい計略は、ここまではうまく運んだようだ。

だまされた番頭木村の怒りと怨《うら》み……おもちゃの天罰と敗北

呉服屋の主人工藤（進藤英太郎）が登場する。彼は番頭の木村が勝手に店の品物を持ち出していることを知って、おもちゃのところへどなり込んで来た。

しかし、おもちゃは少しも悪びれない。それどころか、今度は木村に代わってこの主人を籠絡《ろうらく》する。激怒する工藤に露骨に媚態《びたい》を示し、この主人を誘惑し、手玉に取る。あげくの果てはこの主人を自分の旦那にしてしまうのだ。

このシーン、秀逸に可笑《おか》しい。この映画の喜劇性を象徴するシーンだ。山田氏の若くて美しいおもちゃの媚びもさることながら、主人工藤の豹変ぶりが絶品の上手さで、観客席から笑いが絶えない。

進藤英太郎氏――溝口作品の常連の名脇役――の、いつもながらの名演が光る。おもちゃの甘く優しい言葉に、彼の怒りの表情がとたんに消え、シマリのない好色漢のぐちゃぐちゃの笑顔に一変する。氏は、妻には頭が上がらない（そのシーンも映画は描く）、しかし女には眼のない小心者の好色漢を演じたら、ピカ一の巧さである。男の持つ権威や建前という表の面と、一方で内に秘めた好色や嫉妬、小心などの弱さの裏面の、その矛盾する二面性を、氏ほど難なく演じられる俳優さんは、他に思い浮かばない。私の尊敬する名脇役のお一人であったことを付記させていただく。

さて、話を戻す。おさまらないのは番頭の木村であろう。彼は反物をやったことから何とはなしにおもちゃの情人気取りでいた。ところが、彼はおもちゃの家である日、ばったり主人の工藤と鉢合わせした。あわてた工藤がバツの悪さから、この番頭を即刻クビにした。

おもちゃには裏切られ、おまけに主人からは店をクビにされ、木村はふんだりけったりだ。この番頭のおもちゃへの怒り、怨みは深い。女に捨てられた男の卑怯な復讐劇は、これも溝口作品の喜劇の常套だ。彼は友人のタクシー運転手と組んでついに復讐の凶行に及んだ。

「お前みたいなクサッタ女は、そうして苦しむとええのや」と、木村は走っているタクシーの中からおもちゃを強引に突き落とした。おもちゃは大けがをして病院に運び込まれた。いささか男や世間を甘く見すぎたおもちゃの天罰であり、敗北であった。

世間に顔を立てて何をしてもろた？……姉を烈しく詰《なじ》る失意の妹

そして映画は、衝撃のラストシーンを迎える。負傷したおもちゃが、今病室で姉の梅吉の看護を受けている。

実は妹の病室を訪れた梅吉も、悲しい「傷」を負っていた。彼女の「傷」について一言触れる。

梅吉は、妹おもちゃの仕組んだ狂言を知り憤慨した。突然姿を消した昔の旦那古沢のことを不審に思った梅吉は、彼の住所を探し当てた。そして当の古沢から一部始終を聞き出し、おもちゃの奸計をすべて知った。

そのため骨董屋の世話になろうと決意した寸前で、彼女はそれを断念し、また古沢とヨリを戻そうとした。しかしその梅吉の昔ながらの古風な義理立ても、結局、哀れを極めた。古沢は、別れたはずの妻の郷里で、工場の支配人という働き口がかかると、なんと梅吉のことなどまるで弊履《へいり》のごとく棄て去って、そそくさと妻の許へ逃げ去ったのだ。

失意の梅吉は、それでも姉であった。妹おもちゃの策略も悪意のものではなく、自分のタメを思って計画したものだと理解した。そして仲の良い妹が負傷して入院する病院に早速駆けつけて来たのだ。

その姉に、自分自身も男から負傷を負わされた妹が、悲痛な声で叫ぶ。これがこの映画のラストシーンである。

「姉さんは、世間に立派に顔をたてて、それで世間から何をしてもろた。どんなええ生活ができるようになった。商売上手にやれば腐った人間やといわはるし、あてらはどうしたらええのや。なんで芸妓《げいこ》みたいな女がなけりゃならんのや。こんなもン、こんな間違うたもン、なかったらええのや！」

このおもちゃの血を吐くような叫びで、この映画『祇園の姉妹』は終わる。そしてこのおもちゃの悲痛な叫びこそ、「若い日の依田義賢の正義感が噴き出ている」と、先の同業のシナリオ作家、猪俣勝人氏が讃嘆されている（参考文献②）。私も全く同感である。

祇園のお茶屋に、勉強のため日参された脚本家依田義賢《よだよしたか》氏

作品紹介を終えたところで、最後に依田義賢氏の労作（参考文献⑲）より、興味津々のエピソードを余談として二つばかり紹介したい。

依田氏は溝口ファンなら周知のように、溝口映画の脚本《シナリオ》を、先の『浪華悲歌』で初めて採用されて以来、二十年にわたって書いてこられた、溝口映画の最大の協力者である。つまり溝口氏の一番の盟友・同志と言える。

その氏が先の労作（毎日出版文化賞受賞）で、「二十年にわたる溝口さんとの仕事」の思い出を語られている。

その興味深いエピソードの一つは、まずこの『祇園の姉妹』の取材のために、氏が連日、祇園のお茶屋に通い詰められた苦労談である。

氏は溝口監督から、「今度は祇園の芸者をやってみたい」、それも「人形のように、きれいな女の動いているところなどは面白くなくて、人間くさい芸者の動いているところが描きたい」という注文を受けた。

そのため「祇園については何も知らない」氏は困惑された。「普通祇園といえば甲部《かぶとべ》といわれる舞妓《まいこ》のいるところ」だが、氏は少し格式の落ちる「乙部《おとべ》」のお茶屋を、ツテを頼

りに探し、その一軒に、なんと弁当を持って通いつめられたという。
映画のシナリオを書くため、依田氏は、芸者やお茶屋の実態を勉強するため、女郎屋町に日参されたのである。その時の体験談から……。

……………

「しばらく、ここへ通わしてもろて、よろしおっしゃろか」というと、（女将が）「そら、別にかましまへんけど、来てはっただけで、わかりまっしゃろか。内側《うちら》のことはわからしまへんえ」と、あわれむように眺めます。わたしはよっぽど、やめようかと思いましたが、勇気を出してあつかましく、弁当を持って出かけました。いま考えると、ずいぶん図々しい無茶な話です。ひる間から台所の長火鉢の横で、わけのわからん書生はんが、ノートをひらいて見たり聞いたりするのを、いちいちつけよるのですから、不愉快なことで、しかも「今、舞妓さんが××といわはったんは、あらどういうことどす」などと、きくのですから、よくまあ辛抱して下さったと思いますよ。わたしはそこで、呉服屋の番頭が来て呉服を、内芸者相手に見せるのを見ます。（略）芸者の源氏名も祇園乙部のだんご帳（名簿）から、人のおもちゃになるという意味でおもちゃの名を拝借に及び、倒産した旦那が居候にくるところから、話をはじめて行ったのです。（以下略）

……………

この依田氏の徹底した取材と調査が、先に紹介したこの映画の内容の随所に生かされていることはお気付きであろう。呉服屋の番頭に色仕掛けで着物を貢《みつ》がせる妹芸者。彼女の源氏名のおもちゃ等々。

すべて現実のお茶屋で依田氏が仕込まれた、実際にあった話ばかりが素材のようだ。

「俺は現実を再現すればいい、再現した現実をみつめれば足りる」と日頃から口にし、「具体的な現実の再現」を何よりのモットーとされるリアリスト、溝口監督（参考文献⑥）。何より嘘を嫌った氏の厳しいリアリズム映画の背景には、依田氏のこの綿密な取材に象徴されるような、多くのスタッフの陰のご苦労があったらしい。そのことを改めて教えられたエピソードであった。

乙部の関係者は映画を見て激怒した……裏から逃げた溝口監督

依田氏が紹介されるエピソードの二つ目。これも傑作で、私は忘れることができない。それはこの『祇園の姉妹』の撮影に協力した乙部《おとべ》の組合長や、芸者の姐《ねえ》さん方の、この映画に対する激しい反発と怒りである。

依田氏自身、実は「芸者の世界を、あのように容赦なくえげつない姿であばいたのははじめてで」「実在の世界より数等えげつなかった」ことは認めておられる。しかし、それにしても乙部の人々の、出来上がった映画への反応は予想外に厳しいものであったらしい。

以下も依田氏の一文の拝借である。

……………………

この作が、祇園乙部の紹介とあって、よい観光に資するのだと思った、乙部の組合長のMさんが、廓中を開放して撮影に協力したのでしたが、松竹座で試写があって、見ていたMさんはその暴露ぶりに、かんかんになって怒りはじめたので、溝口さんは、裏から逃げました。その後、祇園乙部から出ている赤新聞に、姐さん方の写真入りで、「あんな芸者は乙部にいない。うちらを侮辱するもはなはだしい」と、抗議の言葉が出て、あれを作ったものは四条大橋を渡らせないといったとかいわなかったとか、ききました。

……………………

どうやら依田氏も自認されるこの作品の「えげつなさ」が、乙部の関係者の顰蹙《ひんしゅく》、反発を買ったようだ。

しかし、一方でこの映画は「昭和十一年のキネマ旬報のベストテンの一位」になった。そのことは先にも書いた。

この映画の専門家の評価の高さと、現実の乙部で働く人々の失望と怒りの好対照は興味深い。その原因について分析することは私の能力を超える。

以下は推測だが、溝口氏は若い頃から東京下町の私娼窟や、京都に移ってからは祇園の色街に入りびたりの、文字通りの遊び人、悪所通いの常連であったらしい。芸者や娼婦を知り尽くしたかつての放蕩児が、この映画を作るに当たってその胸中を去来した思いは何であったのか。

一種の贖罪《しょくざい》や懺悔の痛苦が、あのおもちゃの絶叫に凝縮されているように思えてならない。

（完）

⑥『祇園囃子《ばやし》』(一九五三年)

祇園という特殊世界(色街)の風俗と慣習……恰好の祇園入門映画

さて、祇園という色街《いろまち》を描いた、溝口監督の作品をもう一本紹介したい。

この『祇園囃子』は、先の『祇園の姉妹』(一九三六年)から十七年後に作られたその「戦後版」、「姉妹編」とでも呼びたい、溝口監督の小品だが、私の好きな一本である。

内容もよく似ている。芸者の世界の古風なしきたりを守って生きようとする年上の先輩芸者と、それらに縛られず平気で叛逆してゆく若い新米芸者の対比を描いたもので、ここ

「祇園囃子」　写真提供：KADOKAWA

でも新旧二人の芸者の、その好対照の生き方が物語の中心をなす。

そんなよく似た作品を、あえてまた取り上げるのは、読者の皆様の不興を買うかも知れない。

実はこの作品には、物語《ストーリー》それ自体の面白さは当然として、それ以外に特別の発見と啓発の悦び、愉《たの》しさがあった。表題に挙げたように、祇園という色街の持つ独特の風俗や慣習（仕来《しきた》り）に目を啓《ひら》かれたことだ。そのような世界に生涯縁のなかった私にとって、この映画は、実に有り難いガイドブックであった。

この私の感想や悦びが、決して私だけのものでないことは、評論家、登川直樹氏の以下の一文が恰好の証明となる（参考文献㉕）。

「ドラマを通して人間を描くよりも、ドラマを通して祇園という特殊な世界がどういう風俗とからくりの上に立っているかを、素人の好奇心に応えるかのように仕上げてある。一種の観光映画とさえ言えぬこともない」

この指摘に私は全く共感した。つまり、私のような「素人の好奇心に応える」、一種「観光映画」の趣をも併せ持つ、そのユニークな魅力である。生涯の私の無知を啓《ひら》く恰好の祇園紹介映画、祇園入門映画。これがこの映画のまず何よりの意義であり魅力であった。

芸者を志す一人の少女の修業物語……先輩芸者に仕込まれる

物語に移る。冒頭、昼間の静まりかえった祇園の街の、その路地（小路《しょうじ》）の多い風景が映し出される。その街並みの中を、一人の少女栄子（若尾文子、この時二十歳ぐらい）が、頼って来た先輩芸者美代春《みよはる》（木暮実千代）の住居を探してひたむきに歩く。

格子戸《こうしど》をあけると年老いた下女が応対に現れ、さらには奥には男衆が二人ほど見える。なるほど芸者の家（住居）とはこういうものなのかと、早くも勉強になる。さらに下女や男衆を抱え、その物入りは決して楽ではないだろうと、芸者の家計の厳しさが瞬時に察せられる。

栄子は居合わせた美代春に、思いつめてきた自分の願い、舞妓《まいこ》になりたい一念を、堰を切ったように打ち明けた。美代春はこの少女のことを全く知らないわけではない。かつての芸者仲間で零落して死んだ女の娘である。

彼女は先輩芸者として栄子の無知を静かに諭《さと》す。芸者人生が少女の考えているほど生易しく美しいものではないことを。しかし身寄りの全くない栄子は、どんな困難や苦労も覚悟の上だと動じない。美代春は、この孤立無援の哀れな少女に自分の昔の境遇を想い起こし、結局、栄子の願いを断り切れず、舞妓として仕込むことになった。

この後、映画は一転して舞妓になるための栄子の修業風景（一年）に変わる。まずは家の拭《ふ》き掃除。それが済むと三味線や太鼓、踊りなど芸事の稽古、あるいは舞妓の学校（女《じょ》紅場《こうば》）の教育風景——民主主義の時代だから売春の強制は禁じられている、とその建前は立派だ——などが、軽快なタッチで、時にユーモラスに、目まぐるしく紹介されていく。

このあたり、舞妓を志す現代の若い女性の参考にもなり、まさに観光ＰＲ映画の観がある。

中でも注目は何と言っても、十六歳の栄子を演じる若尾文子氏の、明るく健康で溌剌《はつらつ》としたその若さの魅力だ。この現代娘には芸者になる不安や暗い影など微塵もない。自分が決断した新しい職業（舞妓）や未来に向かって意欲満々、希望と元気に満ちあふれている。

繰り返すがこの時の若尾氏は二十歳《はたち》頃か（一九三三年生まれ）。女優としてデビュー間もないホヤホヤの新人である。その若さと健康に満ちた美貌が、実に初々しくひたむきで可愛い。ちなみに氏は三年後、溝口監督の遺作『赤線地帯』でも再度登場される（吉原の計算高い美貌の娼婦役）。その好対照が印象的だ。

舞妓としてお披露目を済ます……その三十万円の支度金の出所

一年後、美代春は、支度金（三十万円）をお茶屋「よし君」の女将《おかみ》お君（浪華千枝子）

から借りて、栄子の舞妓としてのお披露目を済ませてやった。これで栄子は晴れて一人前の芸者として独立したことになる（名前も美代江と改めたが、本稿では旧称栄子で統一）。

この時、美しく着飾った栄子が美代春に連れられて、近隣のお茶屋にお披露目の挨拶に回った。そのシーンも、祇園の伝統的な慣習の一つらしく、その衣裳や風俗の派手やかさが注目だ。

問題はその華美で晴れがましいお披露目の儀式の水面下でうごめく「金と欲」をめぐる客（男）と女将の打算と計略だ。「よし君」では早速、女将のお君が、居合わせた二人の客に、栄子と美代春を抜け目なく紹介した。

何も知らず、よろしくとしおらしい挨拶を返す二人の芸者に、客の一人楠田（河津清三郎）が、如才なく栄子は自分の横に、美代春をもう一人の客神崎（小柴幹治）の隣に座らせた。

このシーンに、これから展開される祇園の醜悪な陰謀ドラマが暗示される。会社専務の楠田は、役所の課長神崎から発注を受けようと、今必死の接待の最中だ。彼は神崎が美代春（木暮実千代）の成熟した女の色香に一目惚れし、露骨な欲望をその眼にたぎらせたことを見逃さない。

彼女を抱かせてやれば神崎は落ちると踏んだ楠田は、この後早速部下の佐伯（菅井一郎）に命じて、女将お君との交渉、談判に入らせた。

一方、楠田自身も女には目がない。彼の狙いは当初から、若い娘の栄子にあったらしい。実は、美代春がお君から用立ててもらった栄子のお披露目費用の三十万円は、お君が訳を話して楠田から出してもらった金だった。当然楠田が金を出した目的は、お君にも暗黙の了解があった。

そんな二人の黙契を美代春は知る由もなかった。彼女はてっきりお君の親切、好意によるものと単純に信じていた。後にその金の出所を知らされて、美代春は絶句する。しかし後の祭りで、彼女自身にも一つの受難が迫る。

そのためには三十万円を提供した楠田の奸知《かんち》、狡猾についても触れねばならない。彼はその金で栄子を買っただけではない。神崎の美代春へのぞっこんを知った彼は、今や美代春の体をも買って神崎にあてがう、そのことをも女将のお君に因果を含ませ了解させたのだ。

彼にしてみれば一石二鳥、三十万円は安い買い物だった。栄子は自分のものにできる。さらに神崎に美代春を抱かせれば、会社の危機を脱することもできる。結構ずくめな話である。しかし、果たしてそんなにうまく行くのか。

いずれにせよ、かつて栄子が修業中、学校で聞いた正論、民主主義の世だから売春の強要はない、は全く嘘っぱちであることを、後に栄子自身思い知らされる破目になるのだが……。

楠田に抵抗した栄子の潔癖……この映画最大の喜劇

楠田は、栄子と美代春を誘い、東京行きを計画した。その魂胆は先に触れた一石二鳥。神崎を東京に呼び寄せ、彼には美代春をあてがい、その間に自分は栄子を落とす。実に虫のいい、この男らしい計略だ。が、彼はいささか功を焦ったため、思いもせぬ喜劇（第一幕）が始まった。

なんと、栄子に強引にキスをしようとした楠田に、栄子はびっくり仰天、激しく抵抗し、楠田の舌をかみ切る大怪我を負わせた。苦痛に呻《うめ》きのたうち回る楠田。この突然のハプニングに、別室から美代春も駆けつけて来た。神崎の相手どころではなくなったのだ（お蔭で神崎はいたくオカンムリ）。

美代春は、初心《うぶ》な栄子の潔癖で正直な抵抗に、胸を突かれる思いだった。彼女とて、突然現れた相手の神崎に困惑していた。もともと彼女にはこの役人への関心、好感など微塵もなかった。そういう意味で栄子のハプニングに彼女自身も救われたと言えなくもなかった。尤も、彼女は楠田とお君の黙契など全く知らされていない。そのため後にお君の逆鱗《げきりん》に触れるのだが。

喜劇の第二幕。入院中の楠田を、お君が謝罪をかねて見舞うシーン。私は思わず噴き出してしまった。いや劇場内がどっと笑いころげたと言うべきか。顔を白い包帯でおおわれた楠田（河津清三郎）が目だけギョロつかせ、不機嫌そのものの陰うつな表情でベッドに横たわっている。

まるで傷ついたタヌキかクマのような動物を連想させ、私は笑いをこらえ切れず噴き出してしまった。若い女に無理矢理キスをしようとして舌をかみ切られた中年男のぶざまと哀れ。私はこんな情けない男の醜態をかつて映画で見たことはなかった。溝口監督の、男の馬鹿さ加減を嘲弄、揶揄《やゆ》する辛辣《しんらつ》なシーンは夙《つと》に有名だ。が、河津氏には気の毒だが、こんなに可笑しく笑いがとまらなかったことは後にも先にもない。

その楠田は、おまけに口を利くことができず、自分の意思はすべて筆談だ。傍でかいがいしく仕える部下の佐伯（菅井一郎）がそれを読み、楠田の怒りを代弁する。お君はひたすら女将としての自分の不手際を恥じ、謝る。しかしその内心は、栄子やとくに美代春への「背信」への怒りで腸《はらわた》が煮えくりかえっていたことは想像に難くない。

この後、映画は佐伯とお君が、別室で改めて今後の対策を確認し合うシーンへ移る。とくに佐伯は必死の形相で楠田の怒りを代弁する。神崎さんの機嫌を損ねたら、頼みの受注もふいになり会社は倒産だ、解っているのかオカミ！　と恫喝《どうかつ》まがいの烈しさだ。お君はお君で、自分の面目にかけても美代春に言うことを聞かせる、と誓った。

それから間もなくだった。お座敷の予約をキャンセルする電話が次々と美代春の家にかかって来たのは。お君がお茶屋に手を廻して、二人を出入り差し止めの処分にしたのだ。花柳界の「帝王」、「よし君」のお君の顔をつぶした報復は、思いもしない速さで二人を打ちのめしたのであった。

恋愛の自由?! それはお金持ちの言うことや! ……止めを刺す女将

お座敷のかからぬ二人の芸者は、干乾《ひぼ》し同然の失業者となった。若い栄子はさすがに動揺を隠せない。いやな男のキスを拒否したことが何故出入り差し止めになるのか、現代娘の彼女には納得できない。しかし姉と慕う美代春の悄然とした苦悩の姿を見ると、美代春は言わないが、自分にも落ち度があったのではないか。彼女は美代春には黙ってこっそり一人で「よし君」へ謝罪に行った。

しかしお君は冷たく無視して、耳を貸さない。お君の怒りの主因が、実は自分ではなく美代春にあったことを、若い栄子はまだ解っていない。しかし、お君自身もいつまでも強がってばかりはいられない。楠田や佐伯に約束した手前、焦りがあったことも事実だ。

結局お君は、栄子の身を案じる美代春を呼び出し、最後通告を下す。先日の東京での彼女の「失態」を責め、神崎と一夜を共にして彼の機嫌を直せ! それが世話になった（ここで三十万の出所を初めて明かす）楠田への詫びになり、ひいては差し止め処分の解除に

「祇園囃子」　写真提供：KADOKAWA

もつながると示唆する。

しかし美代春はこだわった。彼女はもともと若い栄子の純潔を守ることには人一倍細心の注意を払って来た。今自分の身にそれが及ぶと、どうして好きでもない男に身を売らねばならないのか、と彼女は当然のように抵抗した。

その時、女将を演じる浪花千枝子氏が、あんた何年芸者をやっているのかと、呆れかえって難詰《なんきつ》し、最後に険《けわ》しい表情で止めを刺した。「好きな人と添いとげる？」「それはお金持ちの言うことや！　あんたお金あるのか！」と。浪花氏の鬼気迫るやり手婆《ばば》ぶりが光る。

楠田さんに立て替えてもらった三十万円、あんた払えるのかと、お君は詰問しているのだ。応えられず、黙ってしまう美代春。ここに彼女の「敗北」は決まった。美代春は女将の命令に従うほかなかったのである。

それはこの「祇園紹介」映画が明かす、花柳界の非情な掟、鉄則であった。一人の舞妓が誕生するためには、その衣裳代などを含む三十万円という高額な支度金が要る。その金のない、おそらく多くの女は、スポンサーの旦那（男）を求めて、あるいは彼らを手配する女将を頼って、結局は身を売る覚悟を強いられる。これがこの世界の悲しくも哀れな現実である。

しかし映画は、この理不尽な現実を、先の『祇園の姉妹』のように声高に批判、告発しない。むしろ淡々として受け容れている。そこには「改革の情熱に燃えた若い芸術家ではなく、功成り名をとげた大家」になった（参考文献⑳）溝口氏の余裕が感じられる。

金に敗けても健気に生きる二人の芸者……祇園囃子の音色が秀逸

女将お君の怒りを解くため、美代春はついに神崎との一夜を勧めた。手にいっぱい土産を持って帰って来た彼女を、栄子は不審の眼で訝《いぶか》る。つとめて明るく振る舞う美代春の異変を、栄子は女の直感で見逃さない。自分の不始末の犠牲になったらしい美代春に、栄子は、何故、どうして？　とこの世界の理不尽に憤慨し抗議する。

美代春はたまらず、生意気を言うなと栄子の頬を打った。泣きくずれる栄子。美代春とて同じ思い、悔《くや》しさがあったはずだ。しかしそこは年上の先輩芸者。冷静に戻ると、栄子を優しくいたわって諭すことを忘れない。

美代春が言う。二人とも他に頼る身寄りのない孤独な境遇の女だ。お互いを姉と思い、妹と思って、これからも助け合って仲良く生きて行こうと。これがこの物語の結末だ。

平凡といえばこれほど平凡で月並みな結論はない。しかし不思議なほどに説得力と感動がある。この映画の底力だと思う。

そしてラストシーン。翌日、二人は久し振りに声のかかったお座敷に、着飾って晴れ晴れとした表情で出かけて行く。女将の怒りは解けたのだ。おりから祇園祭も近いせいか、二人の行く手に祇園囃子の淋しい音色が聞こえて来る。この時の効果音楽が、これから生きて行かねばならぬ二人の将来を暗示して秀逸だ。私は人間が生きて行く孤独と寂寥、そしてそれを支え合う人間の友愛と連帯を象徴した、静かだがとてもいいシーンだと忘れられない。映画はこの二人の仲の良い、しかし薄幸の「姉妹芸者」の姿が、やがて夕闇の迫る人混みの中へ消えて行く、その遠景に、エンドマークを重ねて終わりとなる。

冒頭でも書いたが、この作品は溝口作品の中でもそれほど話題にのぼらぬ地味な小品だと思う。ここには前作『祇園の姉妹』のような告発も絶叫もない。金銭に敗北し、理不尽な因習に屈服して生きるしかない、二人の芸者の淋しく哀れな姿が静かに淡々と描かれるだけである。

しかしこれもまた人間の永遠、普遍の姿ではないか、と私は共感を持つ。怒りや反逆、戦いの人生もいい。しかし戦えない、弱者の運命に屈従して生きる人生もまたこの世の真実。それもまた尊いと思う。溝口監督の人生を達観した円熟と老練を感じさせる、余裕の一本（佳作）だったと思う。

（完）

⑦『西鶴一代女』（一九五二年）

溝口監督を「世界のミゾグチ」に押し上げた傑作群の一つ

さて私の溝口映画の紹介も、いよいよ大詰めを迎えた。最後に、氏の最高傑作と誉《ほま》れが高い二本を紹介する。この『西鶴一代女』と次項の『雨月物語』である。

「西鶴一代女」（『溝口健二というおのこ』津村秀夫・著　芳賀書店より引用）

この二本に関してまず触れたいことは、私自身の感動はもちろんだが、いずれも海外の名だたる映画祭で連続受賞した、その輝かしい栄誉についてである。

イタリアのヴェネチア国際映画祭で、この『西鶴一代女』が監督賞を（一九五二年）、翌年には『雨月物語』が銀獅子賞をと、連続受賞した。

さらに言えば翌々年（一九五四年）には、なんと『山椒大夫』が同じく銀獅子賞を獲得した。

同じ監督の作品が三年連続してヴェネチア国際映画祭で受賞した。その快挙、慶事《けいじ》はまさに前代未聞、世界にも例がないらしい。これによって溝口監督の名が一躍「世界のミゾグチ」に浮上した朗報は、氏を崇敬するファンの一人として嬉しく、慶《よろこ》びに堪えない。

ところで、のっけから海外受賞の話などを持ち出して、私の権威主義志向に興醒《きょうざ》めされた方もあるかも知れない。念のため一言釈明させてもらえば、私は海外受賞の絶対的な崇拝者ではない。近年の海外受賞作には失望するものが少なくないからだ。またその逆のケース（受賞にふさわしいのに落選した）も熟知している。例えば先に紹介した『近松物語』がそれだ。

私はこの作品を今も溝口作品の最高傑作の一つと信じて疑わない。ヴェネチア国際賞を受賞した先の三本の溝口作品と比べて何ら遜色がない。むしろそれらに優《まさ》るとも劣らぬ傑作だと思っている。にも拘《かかわ》らず、この作品は先の海外受賞とは全く無縁であった。私はかねがね大いに不満であった。

これなど海外の評価と、私自身の感動とが必ずしも一致せぬ典型だ。合致すれば嬉しく誇りに思い、ついその吉報を紹介してしまう。随分勝手なご都合主義だが、主役は私自身の得た感動にあることを強調して、お許しを請《こ》う。

ちなみに先の『近松物語』の不遇の件、実は余談があった。私の疑問、不満は、今回この原稿を執筆中、再読した依田義賢氏の労作（参考文献⑲）のお蔭で図らずも氷解した。依田氏はこの『近松物語』を「溝さんの作品としては最上の出来」と激賞される、貴重な私の味方、同調者である。その氏がさりげなく私の疑問に答えておられた。その一節より。

「この作がカンヌの映画祭（フランス。奥井註）に出された時、永田氏（大映社長。同）のフランス映画界に対する高言の問題が起こりました。それがなかったら、よい評価が得られたのではないでしょうか」

なんと作品の中身ではなく、それ以前の社長の舌禍《ぜっか》事件が、受賞を逃した真相であったらしい。不運と言うには悲しすぎる、この作品の痛恨の受難を、私は呪《のろ》わずにはいられない。先に約束した「受賞を逃した理由」が、実はこれであった。

乞食《こじき》や娼婦にまで転落した、一人の女性の辿る受難の生涯

まずこの作品『西鶴一代女』の概略から。題名が象徴するように、この映画は江戸時代の作家井原西鶴氏の小説『好色一代女』を原作とする。しかしその内容は、原作を現代風に改変したため大いに異なるらしい（脚本は例によって依田義賢氏）。

映画は、江戸封建社会の、その男性本位の社会の中で、男たちにもてあそばれ、迫害さ

れながら、ついに最下層の乞食や娼婦（夜鷹）にまで転落してゆく、お春という一人の女性の、その受難の一生を描く。

主人公のお春を演じるのは、溝口作品では氏の一番のお気に入りの女優、田中絹代氏。田中氏については評論家、佐藤忠男氏の以下の紹介が参考になる（参考文献⑳）。

田中氏はつねに「貞淑で健気で、純情で愛嬌のある模範的な大和撫子《なでしこ》を演じつづけることによって、日本映画史上、最高の人気女優」の地位を保持してきた女優さんである。

そのため、原作の主人公のように、「生まれつき性行為が好き」で、「自分から積極的に男性を誘惑してセックスの快楽を愉しもうとする」そんな「好色」一代女を演じれば、氏のイメージを損《そこな》い、興行的にもファンの不興を買う。

そのため映画のお春は「決して自分から好んで売春はしない。いつも卑劣な男たち、好色な男たち、女を子供を生むための道具としてしか考えない男たち」の犠牲となって不本意なセックスや売春を強いられ、これに堪えて生涯をおくる。しかも終始気品を失わぬ「まじめな女性」として描かれる（前掲書）。

それではこの映画は、そのような「まじめな女性」、「哀れな売春婦」としてのお春を描くことで、溝口監督は一体何を言いたかったのであろうか？　これがこの映画に持つ私の一番の関心事であった。しかし難問である。私は、その答えを求めて多くの解説書を読んだ。しかし、明快な答えは得られなかった。後の宿題としたい。

白ぬりの厚化粧で老醜を隠した、一群の娼婦たちの登場

物語《ストーリー》に移る。冒頭のシーンは息を呑む。今や年老いて、白ぬりの厚化粧で老醜を隠した、一群の異様な風体の女たちが登場する。あたりが暗くなった夜にしか姿を見せぬ「夜鷹」という、苦界を生きる最下級の売春婦たちの群れである。その中の一人に、この作品の主人公お春（田中絹代）がいた（冒頭の写真）。

彼女は近くの荒れ寺に一人で入り、仏像（五百羅漢《らかん》）を眺めている。とその仏像の一つが、かつて娘時代に、自分を恋して無念の死をとげた若い青年の顔（三船敏郎）に見えてくる。

そして映画は、突然その青年勝之介とのかつて若き日の出会いのエピソードへと一転する。どうやらこの映画は、今や年老いて白ぬりの無惨な娼婦と化したお春の回想物語の形式を取り、彼女がここまで零落したその数奇な運命を描くらしい。そしてその予測はラストの彼女の決断のシーンを除き、ほぼ全面的に当たる。

お春さま、真実の思いに結ばれて生きなされ！

そのお春の回想する最初のエピソードである。おそらく彼女が生涯忘れることのできなかった、彼女にとって最も重要な出来事であったと思われる。

お春は当時、京の御所勤めをしていた清純無垢《むく》な少女だった。ある時、公卿の若党（若侍）だった勝之介（三船敏郎）に激しい恋を打ち明けられ、自分も真実の愛にめざめた。しかし二人は、ひそかに逢っていたところを役人に見咎《とが》められて捕まってしまった。

当時、恋愛や密会は法の禁ずる犯罪であった。そのため勝之介はなんと斬首、お春は両親ともども洛外追放という苛烈極まる処罰を受けた。封建時代ならではの理不尽な極刑であった。

中でも若侍、勝之介の処刑は哀れを極めた。彼は斬首される寸前、処刑役人の計らいで遺言を残した。役人はそれを記録して、後にお春に届けてやった。その遺言とは……。

「なぜ、男女慕い合うのが悪いのでございます。なぜそれが不義なのかわかりませぬ。身分などというものがなくなって、誰でも自由に恋のできる世の中が来ますように。お春さま、真実の思いに結ばれて生きなされ」（参考文献⑳）

江戸時代の青年の言葉としてはいささか近代的に過ぎ違和感は残る。しかしなんと真率で初々しい、そして勇気ある言葉か。当時の日本の、敗戦後の民主主義の台頭の風潮を考えれば、溝口監督や依田義賢氏（脚本）がこの作品に託した熱い思いが、万感胸に迫る名セリフである。

しかも勝之介はこの言葉の後、斬首される直前、「お春さまあ！」と絶叫して死んだ。その時の三船敏郎氏の裂帛《れっぱく》の叫び声は、実に激烈、館内をゆるがせる衝撃を与えた。溝口作品には珍しいこの三船氏の登用は、実はこの一語、このシーンのためにあった、と思わせるほどの迫力に満ちあふれていた。

ちなみにこの冒頭の三船氏が登場したシーン（エピソード）は、この映画の一番のクライマックスではなかったかと、私は映画を見終えて後、改めて思ったことを告白する。

ところで、その勝之介の叫びは、直接お春には届かなかった。しかし、彼女の生涯を決定する衝撃と刻印を残した、と私は推測する。

お春は後に届けられた遺書を読み、絶句した。そして激しく慟哭《どうこく》した。勝之介が自分を慕い、愛してくれていた彼の真心や心情の真実、純粋さに心打たれ、号泣したのだ。彼女は、勝之介のその無念の死の悲しみに堪えられず、自分も彼の後を追って自害を決意した。

しかし母親が気付き、必死の思いでその軽挙を押し止めた。そのためお春の願いは達せられず、以後彼女は失意の底に沈む、抜け殻のような日々を生きた。と私には映る。

父親の命令に抗《あらが》えぬ娘の以後の運命……受難と転落の生涯が始まる

自分の一番大切なものを失った傷心のお春。しかし運命は、そんな彼女にも容赦なく生き続けることを強いる。映画はこの後、そんなお春を襲った数奇な運命のエピソードを立て続けに描く。箇条書きにそれらの概略を追ってみたい。

一、東国のさる大名（松平家の殿様）の側室（妾《めかけ》）にされる。

ここでは、大名の奥方に子供が生まれず、困り果てていた藩（松平家）の都合があった。跡継ぎを産むお部屋様（側室）に、お春が選ばれたのだ。子供を産むための妾などいやだと彼女は拒否した。「真実の思い」に結ばれて生きろと遺言したあの勝之介の言葉を彼女は、当然ながら忘れていなかったからだ。

しかし父親（菅井一郎）の欲がお春の意思をふみにじった。お前の不始末で一家は洛外追放の憂き目に遭《あ》った。名誉回復のため、この際その玉の輿《こし》に乗れと、父親は自分の打算をも含めて厳命した。三従の道徳（『近松物語』で説明）に縛られたお春に、親のその命令に抗うことはできない。かくてお春は側室となり、やがて世継ぎを産んだ。

ところが世継ぎを産むと間もなく、お春は奥方や女たちの妬《ねた》みに遭って、お払い箱にされ、実家に帰された。女は子供を産むための道具と考える、武家社会の封建道徳の犠牲とされたことは明らかだ。

二、島原の廓《くるわ》に売られて娼婦となる。

父親の強欲な打算が外れた。彼は娘の玉の輿（出世）をあてにして、呉服屋でも始めようかとかなりの借金をしていた。しかし娘の思いもせぬ突然の離縁に、彼の思惑はすべて水泡に帰した。父は顔色を失った。借金返済のメドは立たず、彼はいきなり窮地に追い込まれたのだ。

すると父親はお春に手をついて、島原（遊廓）へ行ってくれと頼む始末だ。これには当のお春はもちろん、母親もさすがに絶句した。自分の欲と無能が原因の失敗を、娘を遊女に売りとばすことで糊塗しようとする、この父親の恥しらずとダメさ加減。

余談だが、私は溝口監督の若き日の一家の私事を想い起こした。氏の姉を芸者に出して一家を省みなかった父親の無能を、氏は生涯憎んだという。その氏の一家の不幸を彷彿《ほうふつ》させるエピソードではないか。いずれにしても、お春はここでも父親の身勝手に逆らえず娼婦となった。

三、お春を身請けする相手は贋金《にせがね》づくり。

島原遊廓に売りとばされたお春は、生来の美しさと気品からたちまち太夫《たゆう》（遊女の最高位）に出世した。しかしたとえ娼婦であっても、金で人格は売らぬと気位の高いお春に、店の主人は一体何様のつもりだと怒りを隠さない。

幸い、そんな高慢な彼女を、それでも気に入り身請けしようという田舎大尽（柳永二郎）が現れた。主人は大喜びだったが、なんとその男は贋金づくりの常習犯で、お春の目の前で捕まってしまった。お春の太夫人生は頓挫《とんざ》し、詳細は不明だが彼女はここでも実家に帰された。

四、堅気《かたぎ》の商家の女中として働くお春。

島原からいったん実家に引き戻されたお春。今度はまた父親の世話で堅気の商家「笹屋」の女中になった。しかし主人（進藤栄太郎）の好色癖、それに輪をかけた女房（沢村貞子）の異常な悋気《りんき》癖、さらにはお春が島原にいた過去を知った周囲の男たちの彼女を見る好奇な眼。それらに堪えられず、ここでも彼女は居場所を見出せない。憤然として笹屋を飛び出すお春。

五、初めての幸せな結婚も束の間の夢。

お春は周囲の紹介もあって、生涯で初めて正式な結婚をした。真面目で実直な商人「扇屋」（宇野重吉）が、お春のそれまでの過去をすべて理解した上で、彼女を晴れて妻に迎えてくれたからだ。

しかし、この心優しい夫との蜜月のような結婚生活も長くは続かなかった。なんと最愛の夫が辻斬りに殺されるという、信じられない凶事が発生したからだ。しかしこのエピソードは正直、印象が薄く、あまり心に残らない。お春を無理矢理不幸に描こうとする作為が見えすぎるからだ。

以上紹介した五つのエピソードはすべて共通する特徴を持つ。お気付きかも知れないが、お春が自らの意志で選んだ人生は一つもない。周囲の者、とくに父親の命令や要請に従ったものばかりであった。さすがのお春も、この長い不本意な「強いられた」人生の無常に疲れはてたのか、彼女なりに思い、決するところがあったと思われる。誰にも命令されない、自分の意志で生きようとするお春。

人生の無常を感じ、尼寺に入るお春

初めての夫を不慮の死で失ったお春。さすがの彼女も人生の無常を感じたのか、ついに尼になろうと老尼（毛利菊枝）を頼った。やっと自分の意志で、安住の地を見出したかに見えたお春。

「西鶴一代女」　© TOHO CO., LTD.

しかしここでもその平穏を破る男たちの邪魔が入った。かつて女中をしていた笹屋の大番頭が、金や色がらみの難癖や未練を持ち込み、しつこく絡《から》んで来た。その二人の言い争う、しどけない現場を目撃した老尼は仰天、腰を抜かした。老尼は即刻お春に尼寺からの退去を命じた。

お春はこうして自ら選んだ安住の地（尼寺）からも追い出される破目となった。彼女には何の罪もない、しつこく彼女につきまとう男の邪欲の犠牲であった。

尼寺を出たお春はどうなったのか？　映画はそこは映さず、とばす。その後彼女には二十年もの間、各地を流浪する人生があったらしい。そして映画は突如、その二十年後のお春を映し出す。

乞食に身を落とし、やがて夜鷹の仲間に拾われるお春

奈良の町はずれの古寺の門前に、三味線を持った一人の老いた女乞食が、じっと動かず

座っている。見るも無惨に老いぼれ、やつれはてたお春（田中絹代）の、流浪の果ての姿だった。

飢えと病で今や行き倒れ同然になったこの哀れな老女お春に、やさしく救いの手をさしのべたのは、やはりこの地でこっそり売春して生きている「惣《そう》嫁《か》婆《ばば》ァたち」だ。「惣嫁とは最下級の街娼で」「いずれも五十歳以上と思われる。暗闇の中でやっと男をだますことのできるもっともみじめな売春婦たちである」（参考文献⑳）。

お春は彼女らの親切と好意に助けられて、やがて誘われるままに、その惣嫁と呼ばれた街娼（夜鷹）の一員となり、街の辻に立つ。

ここで映画は、回想の物語は終わり、冒頭で紹介した「白ぬりの厚化粧で老醜を隠した一群の娼婦たち」のシーンに戻る。

そして私の紹介も、白ぬりの娼婦となったお春のその後のエピソードへと移る。

お春が昔産んだ子が殿様（大名）になった……狂喜するお春

お春が若い頃、側室（妾）として産んだ子が、なんと松平家の当主（殿様）になったという。そのため殿様の生みの母、お春に松平家から丁重な迎えの使者が来た。立派な衣裳に着替えさせられ、従者たちの担《かつ》ぐ輿《こし》に乗せられたお春は、これでやっと幸福になれると安堵し、とくにわが子と対面ができる期待に胸をおどらせて、大名屋敷へ運ばれて行った。ところが松平家の対応は冷酷で厳しかった。殿様の生母が卑しい街娼にまで身を落とすとはもってのほか、外聞にかかわると、なんと生母のお春を大名屋敷に監禁（蟄居《ちっきょ》）してしまった。

この武士世界の身勝手な体面主義の理不尽に、さすがのお春も色をなして激怒した。彼女も側室になった当時の小娘ではない。幾多の世の苦難、辛酸をなめて来た五十女の意地と強《したた》かさがあった。

一目だけわが子に会う機会を願い出ると、さすがに藩は折れた。しかし正式の対面ではなく、屋敷の廊下を歩く殿様（わが子）を、庭の一隅にひざまずいて見送るだけならという、何とも生母を馬鹿にした姑息で無礼極まる対応であった。

その殿様が何知らぬ顔をして廊下を通り過ぎて行く。とお春はそれを追いつつ必死に叫ぶ。「あれは私の子です」「あの子を返してください」と。しかし警備の侍たちに制止されて彼女の抵抗もそこまで。その無念と怒りは察するに余りある。

しかし、この後のお春の決断と行動は素早かった。忽然として彼女はその大名屋敷から脱出し、姿を眩《くら》ましたのだ。映画はその実事は省略して、いきなり脱出後のお春を映す。

それがこの映画のラストシーンとなる。尼となったお春の巡礼姿が映し出され、彼女は托鉢《たくはつ》の旅を続ける。そしてこのお春の巡礼の旅のシーンにエンドマーク「終」が重なり、映画は終わる。

ラストシーンの暗示するもの……亡き勝之介の許へ旅立つお春

大名屋敷のお春から、一転して彼女の托鉢・巡礼の姿を映し出すラストシーンはいささか唐突、飛躍の印象を免れない。

しかし、そこにはお春が武家社会の、その体面と外聞だけを重視する身勝手な偽善に愛想が尽きたことがまず考えられる。跡継ぎがなければお春の腹を利用し、用が済むとポイと実家へ帰す。その跡継ぎが殿様になると、今度はその生母が必要と強引に召し出し、素姓が卑しいと解ると監禁する。

一度ならず二度まで武家社会の身勝手、横暴に翻弄《ほんろう》され、裏切られたお春。ここにこの作品の主題――封建制批判――の一端が暗示されていることは明らかだ。

しかしお春が、残された余生を今度こそ自分の意志に基づき主体的に生きようと決意したその結論が、巡礼姿で托鉢の旅をすることであったことは、どのように解釈したらいいのか？　これが冒頭でも触れた、私の気になる難問である。それはこの『西鶴一代女』で溝口監督が描こうとされた目的とも重なる、と推測する。

お春という一人の女性の五十余年の人生遍歴（＝男性遍歴）で、この作品が描こうとしたのは、結局、お春を一人の人間として認め、誠実に接してくれたのは、あの勝之介ただ一人しかいなかった。そのことを際立たせるために、彼女の周囲に有象無象《うぞうむぞう》、多くの男女が登場した。と私は考える。

今お春の胸には、「真実の思いに結ばれて生きなされ」と、死刑直前に遺言して逝ったあの勝之介の言葉だけが生きていた。巡礼するお春は今、彼にこう語っているのではないかと私は推測する。

勝之介さま、私はあなた様以外にそのような「真実の思い」のお方に巡りあうことはございませんでした。ありがとう、勝之介様。お春はこれから、やっとあなた様の許へ参ります。

お春の巡礼は、生涯でただ一人愛した男、勝之介の菩提《ぼだい》を弔《とむら》う、彼の許への旅立ちであった。と私は解釈したい。

（完）

⑧『雨月《うげつ》物語』（一九五三年）

溝口監督の「天才」の極致……斬新な二つの趣向が素晴らしい

溝口作品の紹介も、この『雨月物語』をもって最後となる。その掉尾《ちょうび》を飾るにふさわしい力作で、先に紹介した『近松物語』と並ぶ、私の大好きな氏の最高傑作としてお薦《すす》めしたい作品である。

ところで、この作品では、従来の氏の作品にはなかった二つの特徴が素晴らしいと思う。その一は、氏が東洋の伝統美に注目され、その美しさや格調を見事に作品に取り入れられたことだ。

「東洋的なもの、例えば水墨画の格調、そういう美しさ、単純化されたものの中に立派なものがあります。そういうものが作品の構図の中に出てくると面白いと思います」（参考文献㉔）

これは氏がこの作品の制作の前に述べられた抱負の一節だ。水墨画の格調も理解できる。しかし私は、氏がここでは触れられていないが、日本の「能」という伝統芸能の様式を、映画の中に復原、活用された功績の方に注目したい。

死んだ人間が亡霊として生きかえり、生者と交流を持つ。彼らが口にする無念や怨念が、生者をたじろがせ、時に復讐となって生者を打ちのめす。この能の様式の採用の成功こそ、これまでの日本映画になかった画期的な功績、意義だと私は確信する。

ちなみにこの『雨月物語』が西欧では格別高い評価や人気を博したことは先に書いた（ヴェネチア映画祭銀獅子賞受賞、あるいはイギリス、アメリカにおける各種の海外の賞の受賞など）。私は溝口監督の意図した「東洋的なもの」の美しさや伝統が、西欧の人々には珍しく興味深かったのではないかと推測する。「世界のミゾグチ」は、また東洋を体現する名匠としても面目を施された。

二つ目の特徴。それは溝口監督がこの映画で初めて、氏の内にある無名の民、つまり普通の庶民への深い思い入れ（愛情）を吐露、映像化されたことだ。氏のヒューマニズム（人間愛）が、これほど歴然となった作品も珍しい。この点にも私は深い感銘を受けた。

冒頭、貧しい北近江の山村で黙々と働く無名の農民（陶工を生業）の姿が、長々と紹介される。こんな庶民の労働（＝生産活動）の実態を、丹念に、また執拗に描き出す溝口作品は私は初めてで、そのことは氏の盟友依田義賢氏も証言されている（参考文献⑲）。

この冒頭のシーンが、先に述べた二つ目の特徴を暗示していることは明らかだ。

しかしここでは、普通の庶民（＝無名の民）の、真面目に働くその平穏な日常生活にこそ、人間の真の幸福があるという、溝口監督のメッセージに注目しておきたい。実際、映画はその庶民の平安な幸せが、戦乱によって破壊される悲劇を描くのではあるが……。

そして以上二つの特徴は、決して無関係ではない、と私は誤解を恐れず推論する。両者を結びつけるのは亡霊（死者）の存在だ。この映画に登場する亡霊（二人、いずれも女性）は、一方は恐ろしく、悲しい。他方は優しいが、やはり哀しい。そして彼女らの無念や不幸に較べれば、生者の犯す愚行や過ちの数々は底が浅く、たかが知れている。

ここにこの作品から、従来の溝口作品の通例であった厳しい批判や告発が影をひそめた理由があった。亡霊の悲劇の重さが、生者を凝視する監督の視点を柔和、寛大にした。ここから人間に対する肯定と激励の『雨月物語』が誕生したと推測する。

それが先に書いた溝口監督自身の、内なる、人間愛や慈悲心の最初で最後の吐露、映像化となったと解釈したい。いささか独断の過ぎる推論ではあるが……。

戦国時代、琵琶湖の辺《ほとり》の山村に住む、貧しい陶工一家の物語

さて作品紹介に移る。この映画の原作は、江戸時代中期の作家、上田秋成《あきなり》氏の同名の怪異小説『雨月物語』。この中の話を二つほど自由に組み合わせて、依田義賢氏が脚色された。しかし氏は後に、会社の注文で修正を余儀なくされた不満を証言されている（後述）。

物語の舞台は、戦国時代末期（十六世紀末）の北近江（＝琵琶湖のほとり）の山村である。織田信長亡きあと、家臣たちによる後継者争いが熾烈《しれつ》化していた頃だ。このあたりでは羽柴秀吉と柴田勝家の軍勢が激しくせめぎ合っていた（賤ヶ岳《しずがたけ》の戦いが有名）。

映画はこの地に住む二組の貧しい農民の物語だ。彼らは焼き物（陶器）を作り、これを町に売りに行って金を稼ぐことを生業としていた。主人公の源十郎（森雅之）は妻の宮木《みやぎ》（田中絹代）と生後間もない子供をかかえ、一家のためにせっせと陶器作りに励む真面目な男だ。彼はいつか大儲《もう》けをして家族を喜ばせてやりたい、そんな夢や野心を胸に秘めて黙々と働く。

彼の妹阿浜《おはま》（水戸光子）は、その亭主藤兵衛（小沢栄、のち栄太郎）と隣の家に住む。藤兵衛もまた侍になることをひそかに夢みる野心家だ。今はその資金作りのため義兄の源十郎の助手として陶器作りを手伝う。

映画は冒頭、これら二組の夫婦の労働する姿をテンポよく生き生きと映し出す。そのことは先にも触れた。思うにこれはどうやらこの映画が後に明かす主題の一つ――戦争が平和な山村の庶民の生活を破壊する――の、伏線のようにも思われる。

戦争で一攫千金《いっかく》を夢みる男たち……女たちの不安と母性本能

戦争は容赦なく平和な山村を破壊する。しかしそれだけではない。映画は、そこで真面目に働く男たちの心をも狂わせる、その一点を重視する。源十郎や藤兵衛は、戦乱が近づくと、その身に迫る危険よりも、今こそ自分たちが一旗あげて貧乏を脱する千載一遇の好機だと目の色を変える。焼き物を多く作り、これを町へ持って行って高く売って大儲けすれば金持ちになれると夢を持つ。

しかし女たちは違った。二人の妻は、男たちのその憑《つ》かれたような欲望と野心の向こう見ずに、不安と危険を感じずにはいられない。これを何とか阻止したいのだ。

その女の母性本能とも思える保身願望を、宮木（田中絹代）が源十郎に必死に訴える。貧しくても、親子が無事に生きることができればそれで幸せ、満足である。どうか危ない高望みは控えてくれと。この時の宮木が源十郎の軽挙を暗に戒める、その田中絹代氏の冷静な演技がまず秀逸で心に迫る。

宮木はあくまで控えめに静かに落ち着いた口調で夫に懇願する。彼女は、夫の家族を思うその熱意や責任感を十分に理解し、感謝している。彼女とて今の貧しさに決して満足しているわけではない。一銭でも多く銭はほしいし、豊かな食べ物や美しい着物もほしい。

それでも子を持つ母親の常としての一抹の不安をぬぐえない。女の本能としての保身本能が先に立つのだ。さらに言えば、女房たちは長年の苦労で知っている。自分たちの今の生活が一挙に好転することなど万に一つもあり得ない。そんな分不相応な高望みをすれば、きっと悪いことが起きる、バチがあたると。

しかし、源十郎ら男たちは、この宮木の必死の頼みや訴えにも、結局は耳を貸すことはなかった。かくて宮木の危惧した悲劇が始まる。

湖を舟でひそかに渡る決死の一家……映画前半の名シーン

源十郎や藤兵衛の一家は、対岸の城下町へ陶器を売りに行くため、女や子供も含めて全員が舟に乗って湖（琵琶湖）を渡ろうとした。男たちの野望に押し切られた女房たちもとうとう、同行する破目となった。

このシーンは、この映画前半の白眉の名シーンだ。まず宮川一夫キャメラマンの撮影（白黒モノクローム）が光る。それは溝口監督の追求した特徴――東洋の伝統美、水墨画の格調――を思わせて余りある、実に幻想性と神秘性に富んだ見事なシーンで忘れられない。

評論家上野一郎氏も、その解説の中でこのシーンを「傑作シーン」だと以下のように絶

「雨月物語」　写真提供：KADOKAWA

賛される（参考文献㉕）。

「この場面はセットだが、低く霧の立ちこめた静かな水面、そこを櫓《ろ》の音を忍ばせながら舟が渡ってゆく。やがてかなたから無人の舟が流れて来る（実際は半死の兵士が一人舟底に横たわっている。奥井註）。思わずギョッとさせられる妖《あや》しい雰囲気の場面だが、撮影、照明、音楽、演出、すべてにすぐれた傑作シーンである。無人舟は海賊に襲われたものと判り、源十郎たちは引っ返す。宮木と子供は故郷へ帰し、源十郎たちは城下町へ出て陶器を売りつくす」

戦国時代は周知のように一種の無政府状態である。庶民を守る警察などの治安機構は皆無に等しく、盗賊・海賊の出現、跋扈《ばっこ》は日常茶飯事。庶民はその危険を自らの細心の用心と知恵で避けるほかない。

源十郎たちが前途の危険を察知し、舟を岸に戻し宮木と子供を降ろして、三人（藤兵衛夫婦と）で再出発したのは賢明な判断であった。と言いたいところだが、実は乱世の運命はそれほど甘くはなかった。

まずは宮木。夫源十郎たちの舟を、彼女は子供を抱いて湖岸から手を振って見送った。夫の無事帰還を祈る言葉を絶叫して。

しかし宮木にとって、この時の夫の姿がこの世の見納めとなった。彼女は子供と一緒に戦乱のさなかを故郷の家へと急ぐ。その途中、飢えた落武者に食物を強奪されかかり、必死に抵抗した。その際、相手の槍に突き刺され、宮木は息絶えた。その側《そば》で残された子供が泣きじゃくる。戦国乱世では少しも珍しくない庶民の日常的災難、非業《ひごう》の横死《おうし》であった。

一方、そんなことは知る由もない源十郎ら一行の運命は？　彼らは予定通り無事に陶器を売り尽くして、大枚の金を手にすることには成功した。しかし彼らを待つ運命も尋常《じんじょう》ではなかった。生き延びた三人の中で、源十郎の妹、阿浜のそれが最も過酷であった。

夫に見捨てられた妻は輪姦《りんかん》され、遊女に身を落とす

先の宮木に劣らず、阿浜の運命も苛酷、無惨であった。夫の藤兵衛は大金を手にすると、早速、具足と槍を買いに走り、そのまま羽柴勢のもとへ馳《は》せ参じた。制止する阿浜の声を無視して、この男はかねてよりの野望（侍になりたい）に向けて一目散に雑踏の中へ走り去った。

棄《す》てられた彼女はそれでも必死に夫のあとを追い、捜し回った。徒労だった。夫を見失

い、はぐれて一人悄然と途方に暮れる女を、通りがかった雑兵《ぞうひょう》（足軽）の一群が見逃すはずがなかった。近くの荒れ寺に連れ込まれた彼女は、男たちの輪姦の餌食《えじき》となった。目的を達すると男たちは、横たわるお浜の横にチャリンと銭を一つ投げて立ち去った。これも戦国乱世の地獄絵の一つということであろうか。

阿浜は宮木のような死は免れた。しかし男たちに凌辱《りょうじょく》を受けた彼女は、結局遊女屋に拾われて娼婦として生きのびた。どちらが不幸な運命だったのか、それは神のみぞ知ることだ。共通するのは戦争が庶民、中でも女性に強いる受難の苛酷だ。

それにしても阿浜を置き去りにした夫藤兵衛の罪や責任は大きい。その藤兵衛について映画はまず、彼の能天気な出世ぶりを描く。

彼はある時、敵の大将首を拾うという幸運にありついた。その手柄で彼は今や家来を持つ侍大将の身分にまで成り上がった。自分一人は馬に乗って、槍を持った家来（歩兵）を従えて得意満面に人混みの中を闊歩《かっぽ》する藤兵衛。

ところが立ち寄った遊女屋で、偶然彼は阿浜を発見し、腰を抜かした。身を隠そうとする妻をつかまえて事情を問い質《ただ》す。と阿浜はたまらず、涙ながらに夫の不実をなじり、わが身の悲しい受難の経緯を訴えた。

すると藤兵衛は、自分の考えの間違いを悟ったのか、いとも簡単に改心してしまう。阿浜を遊女屋から救い出し、鎧《よろい》や武具を川に投げ捨てると、せっかく手に入れた侍の身分をもあっさり捨ててしまった。そして阿浜と一緒に田舎に帰り、以前の地道な百姓の暮らし（焼き物作り）に戻ってしまうのである。何とも殊勝な藤兵衛の改悛、変身ぶりではないか。

会社の注文によるシナリオの改作……溝口、依田両氏の不満の証言

この藤兵衛と阿浜夫婦の、拍子抜けするような「甘い」話の展開に、当初私は、えっ、これが溝口映画？　と違和感を禁じ得なかった。氏の作品に登場する男たちは、一癖《ひとくせ》も二癖もある悪知恵にたけた卑劣漢が多いからだ。

案の定、ここには先に予告した会社の注文、横槍が入ったらしい。後に私は、依田・溝口両氏の証言からその原因を知り、納得した。

依田氏によれば、最初のシナリオでは、源十郎も藤兵衛も共に悲惨な境遇の中に取り残されて物語は終わる予定であったらしい。ところが会社（大映）から「明るいラストをつけることを強く要望」された。その注文で妥協を強いられて、先に紹介したような藤兵衛の改心になったという。「私はたまらなくいや」で「不本意でした」と氏は証言されている（参考文献⑲）。

溝口監督の証言はもっと直截《ちょくせつ》で辛辣《しんらつ》だ。

「実はあの出来上がりは不満なんだ。僕の考えでは『雨月』はもっとカライものなんだよ。小沢栄の男ね、あれもラストであんな改心したりしないで、もっとどんどん出世を続けて行くように最初書いたのだよ。それを会社が変な商業主義から甘くしろというのだね。どうも大会社というのは、商売人がいるとやりにくいね」（参考文献㉕）

この両氏の憤懣《ふんまん》やる方ない発言に、私は改めて企業の商業主義（営利主義）の重圧を思い知った。名匠の作品においてもそれは決して例外ではないらしい。

亡霊と出会う源十郎の数奇な運命……この映画屈指の「幻想」世界

さて、主人公源十郎の辿る数奇な運命の物語に移る。この映画が意図した「東洋的伝統美」が見事に開花した、この映画の核心（クライマックス）をなす幻想と神秘のエピソードである。

話は、町で陶器を並べて売っていた源十郎に遡《さかのぼ》る。その日、彼の前に一人の美しい姫君（京マチ子）と、彼女に仕える老女（毛利菊枝）が現れた。これが物語の発端だ。

二人の女性は品物をいくつか注文すると、それらを屋敷の方に届けるように告げて立ち去った。源十郎がその品物を届けに行くと、雑草のはびこる庭の向こうに古びた武家屋敷が突如、ひろがる。朽木《くちき》屋敷と呼ばれるその邸宅で、彼は先ほどの老女右近《うこん》と美しく高貴な姫君若狭《わかさ》の丁重な歓待を受ける。

若狭（京マチ子）は婉然《えんぜん》たる笑みを見せて源十郎の陶器の美しさを褒める。そしてこういう美しい作品を作られる方と一目お会いしたかったと、初対面の源十郎をまるで待ち焦《こ》がれた恋人にめぐり会ったかのような喜色と媚態を浮かべて歓迎する。

源十郎がこの若狭の美しさと気品、そして自分のような田舎男に示す好意の真剣さに、思わず陶然となり、心を奪われてしまったことは無理もない。この後彼は、故郷も妻子のことも忘れ、まるで魂を抜かれた男のように若狭との夢のような悦楽の日々に溺《おぼ》れていく。

「雨月物語」　写真提供：KADOKAWA

ある日彼は、若狭のために衣裳の一つも買ってやろうと町へ出かけた。その際、通りがかった旅の老僧から「死相」が出ていると忠告され、彼の好意で身体《からだ》中に魔除《まよ》けの経文を書いてもらった。この時源十郎は初めて若狭や右近の正体に気付いたようだ。彼女らはこの世の人間ではない、幽霊（亡霊）らしいと。
映画はすでに観客にはそのことを暗示している。能舞台を思わせる朽木屋敷の異様な雰囲気。あるいはその中で若狭や右近、時々姿を垣間見せる侍女たちの演じる所作や振る舞い、そして背後に聞こえる音楽（謡曲）の異様な響きなど、すべてこの世のものとは思えぬ怪異な死者の世界、つまりは能の世界のそれである。実は彼女らは、織田信長に滅ぼされた朽木一族の亡霊（死霊）であったのだ。

案の定、屋敷に戻った源十郎を見る若狭や右近の眼は一変した。もう二度と外に出てはなりませぬと命令する彼女らの口調や表情も一変して、今や恐ろしい鬼の形相と化す。亡霊の正体をムキ出しにした彼女らに、源十郎は必死に抗う。傍《そば》にあった刀を振りまわし、亡霊を退散させようと彼は死に物狂いに戦う。やがて力尽きた彼は、意識を失って倒れてしまう。

映画はこの後、一転して荒れ野の中に取り残された源十郎の孤独な姿を映し出す。彼は意識を回復した。ところが、漠とした周囲には若狭も右近もいない。自分一人が倒れているだけで、あたりには、先ほどまでの朽木屋敷はもちろん、何もない。廃墟と化した屋敷の残骸だけが、寒々と風の吹く荒涼とした自然の中にわずかに残っているだけだ。

彼は腑《ふ》抜けとなっていた自分から今やっと眼が覚めた。夢のような悦楽と陶酔の日々は、実は亡霊に取りつかれた幻影の世界だったのだ。正気に戻った源十郎は記憶を回復し、妻子の待つ北近江への家路を急ぐのであった。

死者が亡霊となって現れ、生前の無念や怨みを晴らす……能の特徴

ここで源十郎の話から一時離れ、亡霊若狭について一言触れたい。何故ならこの映画のユニークな面白さは、何と言っても亡霊（＝死霊、幽霊）の登場に尽きると言っても過言ではないからだ。

周知のように亡霊（死霊）が登場し、生前の苦悩や無念を語り、時に生者に復讐をする演劇としては、室町時代に世阿弥《ぜあみ》が完成した能（＝猿楽能）が最も有名である。

私事になるが、私は若い頃、高校の日本史の教員であった。立場上、世阿弥や能について勉強する機会を得た。その際、「死者が主人公」のこの演劇に目を啓《ひら》かれ、大いに興味を持った。

中でも哲学者梅原猛氏の名著『地獄の思想』（参考文献㉗）との出会いは、生涯の宝物として忘れられない。

氏はこの名著――一九六七年の初版以来、なんと今日まで五十八版を重ねる半世紀に及ぶ超ベストセラー――の中で、世阿弥の傑作『綾鼓《あやのつづみ》』（絹で作った音の出ない鼓）を紹介されている。授業で紹介して高校生の好評を博したかつての思い出が懐かしい。一言だけ触れさせていただく。

九州の片田舎に都落ちした高貴な女御と、彼女の屋敷の掃除をする地元の庭掃き老人の物語だ。老人が年甲斐もなく女御の姿を垣間見て、その美しさにのぼせ上がってしまう。老人の恋物語だ。女御はそれを聞いて面白がり、庭の池の桂の木に「綾鼓」をつるし、会いたい時はこれを打って鳴らせと伝えた。狂喜した老人はその太鼓を必死に敲《たた》くが、元より布の太鼓で音など出るはずがない。絶望した老人は自害する。が後半、自分を愚弄した女御の前に、老人が亡霊となって現れ、お前もこの太鼓を音が出るまで打てと散々に復讐して懲《こ》らしめる話だ。

この死者が生者に怨みを晴らす復讐劇としての能。これが数百年も前のドラマかと私は目を疑った。その物語や主題の現代にも十分通用する斬新さ、普遍性に私は感動し脱帽した。

恋する愉しさも、男に愛される悦《よろこ》びも知らず戦《いくさ》で殺された若狭

映画に戻る。京マチ子氏演ずる亡霊若狭は、先の庭掃き老人のような復讐の鬼ではない。彼女は、実はかつての戦争で滅ぼされた朽木《くちき》一族の高貴な姫君であった。世が世であれば人並み以上の仕合わせが保証された生涯であったはずだ。

しかし彼女は戦争のため娘としての人並みの恋の愉しさも知らず、男に愛される悦びも

知らないまま、その短い生涯を終えねばならなかった。この女性としての無念、不幸が亡霊若狭の実体だった、と私は推測する。

彼女は恋をしたかった。男に愛されたかった。男を渇望するその正直な女の本能、欲望の化身、それが亡霊若狭だった。幸い源十郎という美しい陶器を作る男に出会い、彼女は恰好の恋の相手を見出した。源十郎がすべてを忘れて自分に夢中になってくれたことも嬉しく満足だったはずだ。

「雨月物語」　写真提供：KADOKAWA

この二人の交歓のシーンは美しい。この世のものとは思えぬ幻想、神秘の美しさに観客も陶然と見入る。宮川キャメラマンの腕が光るところだ。二人がヤブの中の温泉で入浴を愉しみ、はしゃぎ合うシーン。屋外の広々とした草原の中でたわむれ睦《むつ》み合うシーン。どれも美しい。しかし私がとくに忘れられぬシーンは別にあった。

朽木屋敷のうす暗い紙燭《ししょく》の明かりの中で、仕合わせいっぱいの表情で舞う若狭。それをうっとりと見とれる源十郎。その時であった。部屋の隅に飾られていた鎧《よろい》が、若狭の舞いに合わせて、突如荘重なうなり声で謡曲を唄い出す。お付きの女官右近が、それ、あのようにお父上も悦んでおられると、冥界から響いてくる死者の声に彼女も感激のあまり目頭を押さえる。まさに能の舞台を思わせる荘重な演出で、音楽と照明の見事な調和がそれを一層盛り上げた。

しかし、若狭のその源十郎との束の間の至福も長くは続かない。源十郎がその美しい若狭の正体を知った時、二人はそれぞれの世界に引き戻され、離別する。若狭が最後は魔性の女のような形相で源十郎を放すまいと抗ったのは、亡霊ゆえの悲しく哀れな運命だと思った。

私は京マチ子氏演ずる美しい若狭の亡霊に、監督溝口氏の鎮魂と憐憫《れんびん》の情を感じずにはいられなかった。女の幸福を知らずに逝った若い姫君に、氏は一貫して優しかったと思った。

宮木は待ちこがれた夫を温かく迎えた……二人目の亡霊も秀逸

映画はラストシーンへと移る。それは先の源十郎の帰宅後の物語である。

若狭との夢のような悦楽から目が覚めた彼は今、やっと荒れ果てた故郷のわが家《や》へ帰り着いた。ところが家には誰もいない。

不審に思った彼は、宮木、宮木と妻の名を呼びつつ、家の中や、うす暗くなった夕闇の中、家の周辺を探す。その源十郎の姿を、カメラが少し距離を置いて、忠実に追う。どこにいるのだ宮木？　そんな彼の胸の中の声が観客には聞こえてきそうなシーンだ。と次の瞬間、さっきまで誰もいなかった無人の囲炉裏《いろり》に今はフッと火が燃えていて、その前にあの宮木がいつものように端座して火の加減を調整している。なんだ、ここにいたのかと源十郎はさして驚いた風もなく、いつものように口数少なく話しかけ腰を下ろす。宮木もまたいつものように夫を温かく迎え、優しく静かにねぎらう。やがて源十郎は一安心したのか、疲れた体を横にして眠ってしまう。

と宮木は立ち上がり、眠っている夫や子供のために、こまごました家事の始末をする。その時の宮木の表情（スクリーンに見せる最後の姿）が、実に印象的だ。それはずっと家を守り、夫の帰りを待ちわびたあの貞淑な妻の、安堵と至福の表情だ。よかった、よかった、もうこれで安心、思い残すことはない。そんな宮木の声が観客には聞こえてきそうだ。実際、彼女は無言のままだ。しかし動作や表情がそう語っている。

そしてその宮木の姿はいつの間にか消えている。

やがて夜が明けて朝となった。源十郎は、戸をはげしくたたく村名主（香川良介）に起こされた。彼は戸を開けながら、宮木の姿が見えないことを訝《いぶか》り、また彼女の名を口にする。

すると今度は相手の村名主が、源十郎の寝ぼけぶりに呆れて、何を言ってるんだ、宮木はすでに死んでいないではないか。彼女の子供は自分が預かって面倒を見ているのだ、と源十郎の全く知らない現実を教えてやった。

ここに至って源十郎は初めて知ったようだ。昨夜、自分を迎えてくれた宮木は、彼女の亡霊だったのかと。そして先の亡霊若狭の姿が、転瞬、彼の脳裏によみがえったかも知れない。自分はなんと二人の亡霊に出会ったのか？　茫然自失する源十郎。

不可解に思ったのは村名主も同じだった。昨夜から行方が解らなくなっていた亡き宮木の子供が、今源十郎の横で眠っているではないか。彼は首をかしげた。どうやら宮木の亡霊が、息子を帰って来た父親のそばに呼び寄せたのだろう。この老いた村名主はそう呟くと、一人で合点して立ち去って行った。

亡霊の妻を待たせる、溝口演出……氏の理想の女性、宮木

それにしてもと、私は次のラストシーンの紹介に移る前に、一言挟まずにはいられない。源十郎が疲れ果てて帰宅した時から、宮木の亡霊が登場し、姿を消すまでの一連のシーンの、この演出の絶妙の巧《うま》さ。何度見ても私は舌を巻く。

私たち観客は、宮木の死をすでに知っている。源十郎は知らない。普通なら源十郎が妻の死を初めて知り、衝撃を受け悲嘆に暮れる。そういう展開になるところだ。

しかしこの映画は宮木の亡霊を登場させ、彼を温かく迎え、慰労させる。まず彼を安心させ、一眠りさせてから、村名主に、源十郎の留守中の真相を告げさせる。

こういう演出になった溝口監督の意図について、私は考えさせられてしまった。そして以下のように推測した。

氏が永年追求してこられた女性の本質の理想像がここにある。この宮木（田中絹代氏演じる）こそが、氏の希《こいねが》う女性の理想像であった。

何故ならこのシーンには、一人の女性（宮木）が夫や子供の無事、幸せを願う愛情の深さが見事に凝縮、象徴されている（子供を夫のそばに呼び寄せたエピソードも含めて）。しかもそれは、宮木が亡霊であったからこそ説得力を持つシーンとなった。ここにこの演出の心憎いほどの巧さがあったと思う。

それは以下のラストシーンにおいてもさらに継続され、際立つ。

亡霊宮木のナレーションが秀逸……感動のラストシーン

そのラストシーンである。宮木がいなくなって、今や四人となった一家の日常の暮らしぶりが映し出される。せっせと陶器作りにはげむ源十郎。すっかり改心して畑仕事に精を出す藤兵衛。食事の準備に忙しい阿浜。その大人たちから一人離れてぽつねんと遊ぶ宮木の遺児。

その時であった。一家ののどかな労働風景を映す画面の外から、突如宮木の声が聞こえて来た（ナレーション）。なんとあの亡霊の宮木は、今も一家の暮らしぶりをずっと見守っていた。そんな錯覚すら感じさせる田中絹代氏の落ち着いてしっかりした、そして家族への慈愛に満ちた優しいナレーションである。

私はこれからもあなた方四人の生活を見守り、あなた方が仲良く生きて行く、その無事と幸せを祈っています。そんな心優しい、生前の宮木を彷彿させる、慈愛に満ちた温かい愛と祈りのメッセージだ。どうやら女性の母性愛こそ、この世の人間愛の至高のものと、この映画は暗示しているようだ。

その宮木の声が聞こえたのであろうか。遊んでいた子供が、叔母の阿浜から貰った食べ物を持って突如小走りに駆けて行く。どこへ行く？　子供は亡き母宮木の眠る墓前にそれを置くと、小さな両手を合わせて合掌するではないか。ここへ来て私は、いや観客もついに涙を抑えられない。ちなみに溝口作品で私が感動のあまり涙を禁じ得なかったのは、この『雨月物語』のこのシーン以外になかった。

その殊勝でいじらしい子供の姿に、エンドマークを重ねて映画は終わる。素晴らしいラストシーンだと私は深く感銘を受けた。

繰り返すが、溝口監督は、田中絹代氏扮するこの宮木に、私は日本人男性の求める理想の女性を描かれたと思った。その理想の女性を田中氏もまた最高の演技力で演じ切られた。両氏の名コンビによる秀作は少なくない。しかし私はこの『雨月物語』こそが、最高傑作だったと信じて疑わない。

最後に私は溝口監督の遺言について述べる。この映画で宮木の亡霊の語ったその言葉は、実は同監督の、この世の生きとし生ける者へ惜別のメッセージ、一種の遺言ではなかったかと思う。

戦乱などで破壊されることのない、人々のたとえ貧しくても平穏な暮らしの幸せを祈る。このメッセージである。

氏は先にも書いたが、この映画で働く無名の民を初めて描かれた。そのため他の作品では決して明かされなかった氏の日頃の人生観——庶民の幸福への祈願——を吐露された。氏の最愛の女優田中絹代氏の演じる、最愛の女性像「宮木」に託して。

そしてこの作品発表の三年後（一九五六年）、氏は五十八歳で逝去された。私が先の宮木のナレーションに、氏の遺言を聞いたと思わず錯覚した、その感傷と独断をご理解いただければ嬉しく思う。合掌。

（完）

終章　その他の名匠の作品から

——もう一度見たい珠玉の一本

「四人の名匠」の紹介を終え、当初の私の目的は達せられた。しかしここに来て、私の欲深さ、未練が頭をもたげた。

名匠は、私が生涯、私淑した先の四氏にとどまらない。四氏以外の名匠の作品群の中にも、キラリと光る、今も忘れ得ぬ一本（時に複数）があった。それらについて詳述すれば、優に一書が必要だ。しかし今の私にその時間、体力（能力）は残されていない。せめてその傑作の作品名、監督名、そして主な出演者の俳優名の列記、さらに「一言」思い出や感想を添えることができれば、私の願いは達せられると思った。

元より、素人の映画ファンが思いついた追記の一章で、その準備不足は否めない。舌足らずの不備や疎漏《そろう》が随所にあるため、紹介の「予告編」としてお許しいただきたい。それでも、生涯、愉しい思い出を頂いたそれらの名匠の方々への一片のお礼と感謝の表明となれば、私の気は済み、思い残すことはないと思った。また幸いにして、かつての日本映画の傑作（名作）をご存知でない若い映画ファンの皆様の今後の鑑賞の参考、一助になれば、老いた映画ファンの一人としてこれほど嬉しいことはない、とも思った。

そんなわけでこの「終章」を追加させていただいた。ご理解を賜れば有り難いと思う。ちなみに以下の十四本の作品は、いずれも私が機会があればもう一度見てみたいと今でも願う、そんな大好きな作品ばかりである。なおその列挙の順序はあくまで作品の製作年代順（古い順）に従った。これもご了解を乞う。

① 『また逢《あ》う日まで』（一九五〇年、東宝作品）

監督（名匠）は今井正《ただし》氏（一九一二～九一年）。
主な出演者（敬称略）……久我美子《くがよしこ》　岡田英次　杉村春子　滝沢修　河野秋武

〈一言〉――

戦争が若い男女の純愛を引き裂いた哀しい物語。銃後の国民の戦争による悲劇を描いた傑作として、『清作の妻』（増村保造監督、小著〈上巻〉で紹介）と共に忘れられない一本である。

画を修業中の若い美校生螢子《けいこ》（久我美子）は恋人の大学生三郎（岡田英次）を待つ駅頭で、おりからの空襲に遭《あ》い爆死。それを知らぬ三郎はそのまま戦争に行き、彼もまた帰らぬ人となった。

二人の最後の逢瀬《おうせ》となった別れのシーン。

「また逢う日まで」　© TOHO CO., LTD.

窓ガラス越しに唇《くちびる》を寄せ合う二人の接吻シーンは夙《つと》に有名。戦時下の青春の暗雲、閉塞を暗示して実に秀逸。今も心に残る名シーンとして忘れられない。

余談。今井氏は〝ベストテン男〟の異名を持つ名匠らしい（参考文献㉛）。この作品を筆頭に『にごりえ』『真昼の暗黒』『米』『キクとイサム』と、なんとキネマ旬報ベストテン第一位を五回も獲得。こんな名匠は他にはないらしい。道理で見応えのある秀作ばかりだ。私は『にごりえ』（オムニバス映画）の第一話「おおつごもり」に強い感銘を受けたことを付記する。

②『この広い空のどこかに』（一九五四年、松竹作品）

監督は小林正樹《まさき》氏（一九一六〜九六年）。

主な出演者……佐田啓二　久我美子　高峰秀子　石浜朗《いしはまあきら》　大木実　浦辺粂子《くめこ》

〈一言〉——

希望を忘れず明るく健気に生きる、戦後日本のごく普通の一家（酒屋を営む）の日常を描いた。成瀬巳喜男作品を彷彿《ほうふつ》させる家庭劇《ホームドラマ》の傑作。

中でも足が不自由なためひねくれ気味の長女（婚期を逸しかけている）を演じた高峰秀

「この広い空のどこかに」　©松竹株式会社

子氏が素晴らしい。地味な役柄だが、氏の余裕と貫禄の演技がこの作品の重鎮《じゅうちん》をなすと思った。この不遇の長女が、それでも生きる自信を回復するラストシーンは感動的だ。それまで暗かった氏の表情に、笑顔が戻る。それが実に美しい。

　余談。小林監督は、『切腹』『人間の条件』（全六部作）など、重厚な社会派ドラマの名匠として夙《つと》に知られる（「鋼鉄」のような作風と評する人もある）。しかし私は氏の初期のこのようなほのぼのとしたホームドラマの秀作を愛する。先に挙げた力作や大作は一度見たらその感動は十分。繰り返し見たいと思うのは、何故かこのような「小品」の傑作である。

③『潮騒《しおさい》』（一九五四年、東宝作品）

監督は谷口千吉《せんきち》氏（一九一二～二〇〇七年、女優八千草薫氏の夫君としても知られる）。

主な出演者……久保明　青山京子　沢村貞子　上田吉二郎　三船敏郎（特別出演）

〈一言〉——
周知のように三島由紀夫氏の人気小説の映画化の第一作。凛々《りり》しい漁師の若者と、アワビ採りの美しい少女との出会いと交感、そして最後に運命的な結びつきを描く。青春映画の決定盤として、これほど美しい、そして愉《たの》しく快い作品は他になかったと思う。瑞々《みずみず》しい若者を演じるのは久保明（漁師）と青山京子（少女）の両氏。中でも青山京子氏の美しさは、私の知る限りこの作品が最高、絶品であったと、今も忘れない。ところで、この『潮騒』はその後何度も映画化された。しかしそれらのリメーク版は、この谷口監督の最初の映画化作品を見た者には物足りなく、はるかに及ばないと思った。

余談。谷口監督は、当時新進気鋭の男優、三船敏郎氏を主役に起用した男性的で骨太い作品が有名だ（私が好きな一本は『ジャコ萬と鉄』）。しかしこの『潮騒』のような文芸作品の映画化においても氏は非凡な才能や手腕を発揮され、私は改めて瞠目、敬服した。

④『野菊《のぎく》の如《ごと》き君《きみ》なりき』（一九五五年、松竹作品）

監督は木下恵介《けいすけ》氏（一九一二～九八年）。
主な出演者……無名の少年（田中晋二）と少女（有田紀子）を起用　杉村春子　浦辺粂

「野菊の如き君なりき」　©松竹株式会社

子　小林トシ子　笠智衆

〈一言〉――

　木下監督と言えば、誰しもあの国民的人気を博した名作『二十四の瞳』（一九五四年）を想起するのではないか。私も例外ではない。あのラストシーンの感動と涙は忘れられない。

　しかし、その哀しさ以上に、私が席を立てなかったのが、翌年に公開されたこの『野菊の如き君なりき』であった。

　明治の半ば頃、信州の田舎の一人の少女民子《たみこ》（十七歳）の淡い初恋と、そのあまりに理不尽で無惨な末路（夭死《ようし》）を描く。〈一言〉にしては異例だが、若干物語の概略に触れたい。

　民子は病身の叔母（杉村春子）を手伝いに、その旧家へ行った。そこで幼馴染《おさななじ》みの政夫《まさお》（二歳年下の従弟）と再会、二人は一緒に働き、さらに仲良しになった。その二人の仲は恋仲と噂されるほど周囲の羨《うらや》むものであった。が、一方で口さがない周囲の中傷の的にもなった。封建的な気風が残るこの周囲の逆風の中で、しかし若い二人はかえって好意をつのらせるのだった。

政夫の母の言いつけで二人は一緒に山の畑の作業に行った。その道すがら民子が言った。「政夫さんはりんどうのような人だ」と。すると政夫が「民子さんは野菊のようだ」と、すかさず応えた（参考文献①）。二人がはっきりと恋の自覚を宣言した美しいシーンだ。

しかし、この後、民子の運命は一変した。政夫が母の命令で町の中学校の寮に入れられると、民子は政夫との仲を裂かれるかのように実家に帰され、しかも親の命ずる他家へ嫁《とつ》がされた。政夫のことを思いながら、民子はそれを口に出せず、その不本意な結婚に従い、堪えた。しかし病身となった彼女はやがて離縁され、実家に戻された。そしてあっけなく死んでしまった。

その民子の遺体がしっかり握りしめていたのは、かつて政夫から貰った手紙であった。彼女はこの手紙を肌身離さず大切に持っていたらしい。民子は結婚しても政夫のことをひそかにずっと思い続けていたのだ。何ともいじらしく哀れな民子の初恋であった。

周囲の大人たちは、母をはじめ叔母も誰も民子の気持ちに気付かず、それを汲んでやろうとしなかった。祖母（浦辺粂子）だけを除いて。民子の遺体が持っていたその手紙を発見して、初めて自分たちの迂闊《うかつ》や無知、無慈悲を悔《く》い、慟哭《どうこく》した。しかしすべて後の祭りだった。

この民子の悲劇は、私は先の『二十四の瞳』のそれより胸が痛み心に残る。それは、子供たちの純真で無垢《むく》な愛や夢を、大人の俗悪さがいつの時代も踏みにじって恥じぬその傲慢と無恥を描いているからだ。つまり人間が本来持つその負の側面――無知とエゴイズム――をあぶり出したことで、民子の不幸に人間の普遍的真実が見事に描き出された。その点こそがこの作品により心惹かれ、生涯忘れ得ぬ一本となった原因だったと考える。

⑤『警察日記』（一九五五年、日活作品）

監督は久松静児氏（一九一二～九〇年）。

主な出演者……森繁久弥　三国連太郎　三島雅夫　宍戸錠　岩崎加根子　千石《ちいし》規子

〈一言〉――

こんなお巡《まわ》りさんが今の時代もいてくれたら、日本ももっと住み良い国になったのに。そんな郷愁と憧れを感じさせる、警察映画の最高傑作。

東北は福島県下の片田舎。そこの一警察署を中心に、さまざまにくりひろげられる人間模様、生活風俗を面白可笑しく、時に哀しく描き出す。注目は人間味あふれる巡査が多士《たし》済々《さいさい》登場し、彼らの前で検挙者（貧しい庶民ばかり）が明かす、その切羽詰まった暮らしの追い詰められたエピソードが観客を釘づけにする。万引きで捕まった子連れの母親（千石規子）など。

中でも人情家の吉井巡査（森繁久弥）が、棄《す》て子の姉弟（姉は六歳で二木てるみ氏が扮し、弟はおむつがとれぬ赤ん坊）を拾って来て面倒を見るエピソードは秀逸に感動的だ。その棄て子の母親（坪内美子）が、後に子供を引き取りに来る。しかし彼女は、その子供たちが吉井巡査の世話で、さる料亭の女将のもとで仕合わせに暮らしていることを知ると、そっと身を引き、東京へ去って行く。その直前のシーンが素晴らしい。

吉井巡査の計《はか》らいで、母親は若い巡査（宍戸錠）の運転するジープに乗せてもらい、「料亭の前を何度も何度も往き来し、幸せそうにしている娘の様子」（参考文献③）を遠望し確認する。もういいですか（気が済んだか）と若い巡査が念を押す。母親は未練な自分を振り切るように、顔をハンカチでくしゃくしゃにしながら、それでもはっきり頷《うなず》く。この瞬間、彼女は今度こそ本当に子供たちを捨てたのだ。その母親（また女性）としての断腸、痛苦の思いは察して余りある。警察官の眼を通して、さりげなく人生の縮図――現代の子別れ――を描く、見事な一本だと感動した。忘れられない。

⑥『血槍富士《ちやりふじ》』（一九五五年、東映作品）

監督は、小著で紹介する最古参の名匠、内田吐夢《とむ》氏（一八九四～一九七〇年）。

主な出演者……片岡千恵蔵　加東大介　片岡栄二郎　喜多川千鶴　月形龍之介　進藤英太郎　植木基晴・千恵（千恵蔵氏の実子）

〈一言〉――

生涯で見た時代劇映画の最高傑作と、今も信じて疑わない作品である。

主役の家来権八《ごんぱち》（槍持ち役）を演じた片岡千恵蔵氏の実力と魅力が大きいこと（後述）は、言うまでもない。それ以上に注目、特筆したいのは、この映画の、従来の時代劇の殻をうち破った、その斬新で異例の内容の深さである。なるほどチャンバラ（殺陣《たて》）の迫力は、ラストで権八が存分に発揮、観客を圧倒、魅了する。また勧善懲悪思想も、ラストで権八が殿様の仇討《かたき》ちに見事に成功することで、きちんと踏襲《とうしゅう》されている。つまり従来の時代劇の伝統は健在である。しかしそれらはあくまで「従」、つまり第二義的な印象を受ける。

それでは「主」は何か。現代の私たちにも通用する、人間の普遍的な「苦悶」に眼を向け、それをさらっと描いて見せたことだ。つまり時代劇でありながら、人間の普遍的「真実」を追求する、そのリアリズム映画を思わせる芸術性の高さ、品格である。

物語は単純で解りやすい。さる藩の若い殿様（片岡栄二郎）が所用のため江戸へ旅をする。その道中、粗相《そそう》のないよう二人の家来、先の槍持ちの権八と朋輩《ほうばい》の源太（加東大介）

が護衛のため付き添う。しかし結局はその恐れていた殿様の粗相（悪癖）を防ぎきれず乱闘（刀を抜き合う喧嘩）が勃発、殿様と源太は無残に斬殺される。駆けつけた権八が二人の弔い合戦に死闘を演じ、見事に相手の武士数名を得意の槍で突き殺す。そして殿様や源太の敵討《かたきう》ちに成功する。そんな話である。

問題は殿様の粗相である。彼は酒乱という悪癖（＝病癖）を持つ。普段は物わかりのいい、大人しいこの殿様は、酒を飲むとたんに人間が豹変し、狂人のように暴れ出し、周囲も手をつけられない。そのため道中、決して彼に酒を飲ませないよう二人の家来は重々言い含められていた。殿様自身にも無論その自覚はあった。しかし彼は結局、酒を手放せない弱い人間だった。彼は酒に厳しい権八の眼を盗んで、従順だが意志の弱い源太を連れ出し居酒屋に入った。そして案の定、酒乱となり斬り殺された。

この酒乱の殿様（片岡栄二郎）が、この映画の描く人間の苦悶を代表、象徴する。彼は武士の世界が嫌《いや》なのだ。その不満、鬱屈を酒に逃げ発散する。苦悶するのは殿様だけではない。娘を女衒《ぜげん》に売るため同行して来た老いた百姓の父親の苦悶。あるいは逆に娘を連れ戻すために、苦労して働いた金を貯めて引き取りに来た別の父親（月形龍之介）。なんと彼の娘は無理な女郎生活に耐えきれず、すでに死んでいた。呆然としてフヌケのようになった父親の苦悶、等々。

時代劇でありながら、各種各様の人間の苦悶をこの映画は見逃さない。ラストシーン。

仇《あだ》討ちを終えた権八が、二人の骨箱を抱えて国許へ帰るシーン。その悄然とした権八が、胸に抱くその苦悶こそが、実はこの映画の一番重い苦悶だったかも知れない。忠義の見本のような責任感の強い彼は、殿様の道中を結局守り切れなかった自らの不手際（不忠）を、何と藩の重臣に詫びるのであろうか。

最後に権八を演じた片岡千恵蔵氏（本名植木正義、一九〇三～八三年）について一言。氏は私の少年時代からの憧れのスターだった（小著〈上巻〉で触れた嵐寛寿郎氏と双璧）。しかし、長じて私の憧れは尊敬に変わった。それは氏が美形の二枚目スターでありながら、三枚目や醜男の役（戦前の『赤西蠣太《あかにしかきた》』が有名）をも難なく飄《ひょう》々《ひょう》と演じられるその芸域の広さ、スクリーンで見せる人柄の柔軟、磊落《らいらく》さへの感動である。こんな二枚目スターは他にない。この『血槍富士』においても、氏は見事な三枚目役を熱演されて秀逸であった。合掌。

⑦『女殺し油地獄』（一九五七年、東宝作品）

監督は堀川弘通《ひろみち》氏（一九一六～二〇一二年）。
主な出演者……中村扇雀（現・坂田藤十郎） 新珠三千代 香川京子 中村鴈治郎（二代目） 三好栄子

〈一言〉――

二十代に見て二つの衝撃を受けた作品である。一は当時全く知らなかった近松門左衛門氏の世界に初めて目を啓《ひら》かれたこと。二は歌舞伎役者という存在をこれも初めてスクリーンで目の前に見た、そのど迫力への衝撃である。

物語は、大坂の油屋の一人息子与兵衛（当時の芸名は中村扇雀）が遊女に入れ揚《あ》げて借金をつくり、近所の同業の優しい人妻（新珠三千代）に相談に行き、金のもつれから刺殺してしまう。何ともドライで無惨な悲劇である。

与兵衛は一人息子のため甘やかされて育った、金遣いの荒い放蕩息子だ。どうしても素行がおさまらぬため、ついに勘当されてしまった。今風に言えば親の手に負えぬ不良息子の典型で、扇雀氏が実にドライに、その悪党ぶりを熱演された。やはり歌舞伎役者の演技力は筋金《すじがね》入りだと圧倒された。その口跡、動作、視線のいずれをとっても、従来の映画俳優にはない果断で烈しい胆力があった。

後に私は舞台で、歌舞伎役者としての氏の姿に何度も接する機会を持った。しかし妖艶《ようえん》な女形《おやま》の役がほとんどで、この映画で見せた氏の男っぽい、型破りの悪党ぶりにはお目にかかれなかった。それだけにこの映画の与兵衛の放蕩息子は、氏の役者としての別の本領を見たと、今も忘れられない。

残念なことは、堀川監督のこの傑作を取り上げ解説する書物に出会わなかったことだ。それだけではない。この名作の再上映がここ半世紀の間、名画館においても、テレビでも一度もないことである。フィルムの保存がないのかも知れないが、私は大いに不満である。機会があればぜひもう一度見てみたい傑作である。

余談。堀川氏には、これ以外にもう二本、私の好きな傑作がある。『裸の大将』（一九五八年）と『黒い画集』（一九六〇年）である。前者は「精薄の天才画家山下清をモデルにした映画」（参考文献③）であり、主人公の清を演じた小林桂樹氏が絶妙に巧い。後者は松本清張氏の推理小説の映画化で、自分の浮気を妻に隠すため、法廷で嘘の証言をするサラリーマンの物語だが、その後の顛末が異常なほど恐ろしい。

⑧『張込《はりこ》み』（一九五八年、松竹作品）

監督は野村芳太郎《よしたろう》氏（一九一九〜二〇〇五年）。
主な出演者……大木実　高峰秀子　宮口精二　田村高廣　高千穂ひづる

〈一言〉――
野村監督と言えば、松本清張氏の推理小説を映画化した作品が即座に何本か思い浮かぶ。

いずれも観客を全く退屈させせぬ娯楽映画の秀作ばかりだ。その中で大方の評価が一致して高いのは、やはり『砂の器』（一九七四年）であろうか。私自身も異論はない。

ちなみに私事を一つ披露させてもらえば、かつて赴任した二校目（大阪府立高校）で、学年の団体鑑賞に私はこの『砂の器』を提案し、生徒たちや同僚教員の好評を博した思い出が懐かしい。

「張込み」　©松竹株式会社

しかし今、野村監督の作品一本となると、私はやはり氏の最初の清張もの、この『張込み』を挙げたい。「スリルとヒューマニズムで描いたサスペンス・ドラマの頂点」（参考文献㉝）と謳《うた》うこの一文に私は全く共感する。スリルは解るとして、ヒューマニズムについては一言補足が要るかも知れない（後述）。

質屋殺しの主犯（田村高廣）が、昔別れた女に会いたがっている（共犯者の供述）。この話を聞いた二人の刑事（大木実、宮口精二）が早速、女（高峰秀子）のいる佐賀に飛び、女の家の向かいの貧しい宿屋に泊まり込んで張込みを開始した。これが物語の舞台、大前提をなす。

女は今は、佐賀の銀行員の後妻である。二十歳以上も年上の良人を持って、さほど幸福そうにも見えない。猛暑の中で、昼夜をわかたぬ張込みが続く。犯人が立ち寄った形跡はこれまでなく、果たして今後現れるのか？　観客も刑事たちも一緒になって三日目、四日目とその疑心と焦燥の張込みに付き合わされる。しかしその緊張とスリルが時間の経過を忘れさせるほど快い。張込みなどしたことのない私たち観客には滅多にない体験なのだ。この点、脚本（橋本忍氏）の巧さが光るところだと思う。氏は観客の好奇心をさすがに十分に承知、計算されている。この作品で脚本賞を受賞されたというが、納得する。

ついに女が動き出した。突然裏口から外出した女に刑事の眼が光り、尾行が始まる。刑事が目撃したものは？　それは作品に譲る。

ただ先のヒューマニズムについては一言。尾行した刑事柚木（大木実）は、その犯人の愛人（高峰秀子）に「女の哀しさ、いとしさを心にしみて知らされた」（参考文献③）ようだ。彼は、東京に帰ったらうまくいっていなかった恋人（高千穂ひづる）との関係を修復し、結婚することを決意するのだ。それほど高峰氏演ずる人妻は女性のいじらしさや哀れさ、そして何より美しさに満ちていた。何度見ても飽《あ》きない野村作品の傑作の一本として推したい。

⑨『隠し砦《とりで》の三悪人』（一九五八年、東宝作品）

監督は「世界のクロサワ」の異名を持つ、黒澤明氏（一九一〇〜九八年）。
主な出演者……三船敏郎　上原美佐　千秋実　藤原釜足　藤田進　志村喬

〈一言〉――

　黒澤氏は、周知のように日本映画界を代表する、いや世界の映画界にも声望の高かった「巨匠」である。しかし私が心惹かれた氏の傑作群は『赤ひげ』（一九六五年）までで、それ以後の作品は、これが同じ監督の作品かと訝《いぶか》るほど感動に乏しく、正直言って失望、落胆した。

　氏の名誉のためにも一言お世話になった私事を綴《つづ》る。初期の作品『虎の尾を踏む男達』（戦争末期の一九四五年、公開は占領軍撤退後の一九五二年）を、教員時代の晩年、最後の赴任校で、授業中ビデオ上映させてもらった。後にも先にも授業に映画を活用、上映したのはこの一本のみだ。日本史の一環として源頼朝・義経兄弟の不和・確執を説明するには、この歌舞伎『勧進帳』の映画版が何より最適、面白いと思ったからだ。当時の高校生にこんな古い時代劇が通用するかと不安だったが杞憂であった。さすが黒澤監督、彼らはシワブキひとつせず見入ってくれた。

その他、氏の傑作（繰り返すが一九六五年まで）は枚挙に遑《いとま》がない。しかし私が繰り返し見、また今後も見たいと思う作品は、この『隠し砦の三悪人』（ベルリン映画祭銀熊賞などを受賞）しかない。

戦国時代、「隠し砦から黄金とお姫様を連れ、敵中突破を試みる武将と二人の百姓を描いた痛快娯楽作品。一難去ってまた一難とばかりに、スリルとサスペンスとユーモア、そして迫力満点の痛快娯楽巨編」（参考文献㉞）。この紹介がこの傑作のすべてを要約する。なるほど、敵中突破の数々の奇策のエピソードは、ハラハラドキドキ、やがて観客を唖然とさせ、実に面白く愉しい。

しかしこの作品で私が今も唯一忘れられないのは、上原美佐氏演じる、その男まさりのお姫様（実際、敵の眼を欺くため、ショートパンツ姿などの男装）の面白さ、魅力に尽きる。

彼女は亡き殿様（父）の方針で「男の子」同然にしつけられ、育てられたらしい。そのため、その利かぬ気の激しい気性は男顔負けのワガママとして、時に重臣たちを困らせたようだ。しかしその姫様が世間知らずであるがゆえに発する言葉は、純粋で真正。周囲の俗悪な武士や町人たちの偽善、怯懦《きょうだ》を容赦なく叱責して快い。「家臣が家臣なら主君も主君じゃ」。武士社会の偽善を喝破して、一刀両断に痛罵するこの姫様の言葉は、この作品を象徴する見識、魅力として忘れられない。もちろん姫を演じた上原氏の女性としての美しさ、とくにその官能美が、この作品の貴重な華であったことは特筆しておきたい。

⑩『キューポラのある街』（一九六二年、日活作品）

監督は五十五歳で急逝された浦山桐郎《きりお》氏（一九三〇～八五年）

主な出演者……吉永小百合　浜田光夫　東野英治郎　加藤武　市川好郎

〈一言〉——

浦山氏は、その短命もあって生涯寡作《かさく》（九本）の監督であった。しかし十分な時間と準備、そして思索を経た周到な作品作りは定評があり、キラリと輝く傑作が多かった。この表題作の他に、例えば『私が棄てた女』（一九六九年）、『青春の門　自立篇』（一九七七年）はとくに私の好きな作品で今も忘れられない。し

「キューポラのある街」　©日活株式会社

かし一本に絞るとすれば、やはり学生時代（半世紀以上昔）に見た、この監督のデビュー作『キューポラのある街』を挙げる。その鮮烈な衝撃と感動は忘れられない。

実はこの映画、忘れもしない、私は映画館で予告編の段階から何度も見ている。その期待にワクワクして本編を見たのだが、少しも裏切られることはなかった。当時私は浪人中で、予備校の帰りにひっそりこの作品を見た。浪人生活に肩身の狭さを拭えないでいた私に、この映画は生きることの厳しさを教え勇気を与えてくれた。浪人くらい何だ、しっかりしろ！　と鼓舞されたのだ。予備校と家の往復（たまに図書館の自習室）だけで、全くの世間知らずの自分に、この映画は「世間は広く、生きることは愉しい」と、背中を押してくれたのである。

ところで数々の受賞に輝くこの名作は、多くの解説書が例外なく取り上げ、紹介している。それらの中で、例によってシネ・ヌーヴォから頂いたプログラムの解説が、簡潔にして的確、間然するところがない。拝借して紹介に代えさせていただく。

…………………

浦山桐郎と吉永小百合を一躍有名にした出世作。東京と川ひとつ隔てながら大きく街の雰囲気が異なる鋳物《いもの》の街・埼玉県川口市を舞台に、職人気質の頑固な父親を持つ姉弟（ジュン・吉永小百合と弟タカユキ・市川好郎。奥井註）が、貧しいながらもけなげに生きてゆく姿を描いた不朽の名作。当時の北朝鮮帰還運動も背景に描かれ、映画は大ヒットを記録。十六歳だった吉永小百合は、この作品で女優として開眼。トリュフォー（フランスの映画監督。奥井註）も絶賛した浦山の初監督作。（参考文献㉟）

⑪『その場所に女ありて』（一九六二年、東宝作品）

監督は、つい最近（二〇一六年）まで全く私の知らなかった「隠れた名匠」鈴木英夫氏（一九一六〜二〇〇二年）。

主な出演者……司葉子　宝田明　水野久美　浜村純　織田政雄　森光子　原知佐子

〈一言〉――

こんな素晴らしい監督が日本におられた。映画界は広く、それにひきかえ一端の映画通を気取っていた私の世界はまだまだ狭い。そんな自分の無知を思い知らされ恥じたこの名匠との出会いであった。同時にその無知を啓《ひら》いてくれたシネ・ヌーヴォの特集企画（二〇一六年）に、またしても私は深く感謝した。

目から鱗《うろこ》が落ちる。そんな形容がぴったりの傑作がこの名匠には目白押しだ。その一例。初期の作品『花荻《はなおぎ》先生と三太』（一九五二年）には正直、まいったと思った。後の木下恵介監督の『二十四の瞳』を超える名画ではないかと舌を巻いた。とくにラストシーン――

離任する若い女性教員を見送る子供たちの健気さ——は秀逸だ。

バスに乗って去って行くこの若い女先生を、子供たちは手を振って見送る。バスは湖畔の曲がりくねった自動車道を走る。そのためやがて彼らの姿は見えなくなる。先生はヤレヤレと安堵して一息つく。ところが別の視界にまた子供たちの手を振る姿が見えて来る。なんと彼らはバス道とは別の近道を先回りして、先生のバスを待ち伏せていたのだ。それも一度ならず二度、三度と。

とうとう先生は根負けしてバスを停めてもらい、子供たちのところへ戻る。そして喜ぶ子供たちと手をつないで、また愉しそうに学校への道を歩いて行く。これがラストシーンだ。

若い先生が自分の新しい進路への夢を断念して、また小学校の教員に戻る。そんな苦渋の思いはおくびに出さぬ、先生のそのさわやかな決断に私は胸が熱くなり、拍手を送りたいと思った。バスを使った先生と子供たちの師弟愛を描くシーンは『二十四の瞳』にもあった。

しかし鈴木監督のこのラストシーンは、まずその先駆をなし、感動という点では木下監督のそのシーンをはるかに凌駕していた。

実はこの一本だけではない。『彼奴《やつ》を逃すな』（一九五六年）というサスペンス映画。あるいは『危険な英雄』（一九五七年）という報道のモラルを問うた社会派ドラマ。いずれも今見ても少しも古さを感じさせぬ傑作だ。

しかし一本に絞るとすれば、司葉子氏という美貌のお嬢さん女優を見事に脱皮させたこの『その場所に女ありて』を選ぶ。

「一九六〇年代の広告業界を舞台に、男社会に果敢に挑むキャリア・ウーマンの夢と挫折を描いた珠玉の女性映画。広告代理店同士の熾烈な戦いの中で葛藤する女性たちを、リアルでドライに映しとった鈴木英夫監督の最高傑作。クールな知性を漂わせ凛《りん》とした美しさを放つ司葉子が素晴らしい！」（参考文献㊱）。この解説がこの傑作のすべてを要約する。付け足すことは何もなく、全く共感する。

「その場所に女ありて」　© TOHO CO., LTD.

私自身は広告業界の内幕の、そのライバル会社を蹴落とす熾烈な戦いの実態にも目を啓《ひら》かれた。しかし一番感銘を受けたのは、東宝の看板スター司葉子氏の新境地を見たことだ。女を頼り、女に甘えるしかない能のないデザイナー（山崎努）を彼女は、顔色一つ変えずひっぱたき、絶縁を宣言する。これまでに見たこともない男顔負けの氏の強く烈しい一面が新鮮で瞠目した。そこには氏の新しい魅力をひき出した名匠鈴木監督の並々ならぬ才覚と手腕があった、と私は敬服し脱帽する。

最後に鈴木氏を「隠れた名匠」に追いやった日本の映画界とその宣伝役の評論家諸氏に、素人の蛮勇から一言苦言、義憤を綴らせていただく。私の読んだ専門家（評論家）諸氏の解説書に鈴木氏の名前や作品名は一度も出てこない。これはどういうことか？　そういう意味で言えば氏は「無視された、不遇の名匠」と言うべきではないか。弁解めくが私の氏に対する無知の主因もそこにあった。

結局、専門家といえども、その個人としての好悪の恣意性、あるいは視野の限界は免れない。つまり断じて完璧、公正ではない。そういうことを改めて思い知らされた。しかし悲しいかな素人の映画ファンの宿命は、それらの公正を欠く専門家の紹介や解説に依拠することなしには、自分たちの感動を客観視できないことだ。そういう意味でも作品紹介の選択は公平・公正を期し、ファンの信頼を裏切らないでほしいと願う。

⑫『馬鹿まるだし』（一九六四年、松竹作品）

監督は現在（二〇一七年）もご健在の名匠、山田洋次氏（一九三一年〜）。
主な出演者……ハナ肇《はじめ》　桑野みゆき　花沢徳衛　高橋とよ　植木等（ナレーションも）

〈一言〉――

山田氏は周知のように、八十歳を過ぎた今もなお旺盛に映画作りに励まれる現役の名匠である。氏の作品は喜劇、社会派劇、さらに時代劇などと実に多岐に及ぶ。しかもそれらの作品にそれぞれ傑作が多い。中でも『男はつらいよ』シリーズ（第一作は一九六九年）は「マンネリになりながらも面白さを失わない」（参考文献①）、国民的喜劇作品として、あまりにも有名だ。

「馬鹿まるだし」　©松竹株式会社

しかし、氏の作品を一本選べと言われたら、私は迷うことなく氏の初期の傑作、この『馬鹿まるだし』を選ぶ。ちなみに欲深くもう一本挙げるとすれば、喜劇とは対極の社会派作品『霧の旗』（一九六五年）を選ぶ。氏のやはり初期の作品だが、松本清張氏の推理小説を原作にした異色の社会派サスペンス映画だ。

さて『馬鹿まるだし』の魅力、面白さである。私は二点あると思った。一はこの作品の主人公、旅の風来坊安五郎（ハナ肇）が巻き起こす文字通り「馬鹿まるだし」のエピソードの数々の、そのおかしさと哀《かな》しさである。

物語のあらすじを一見する。安五郎は「シベリア帰りの風来坊で、ふとしたことから（田舎）町の寺に住みこむ。頭の単純な安五郎はきっぷのよさと腕っぷしの強さで町の人気者になるが、彼はひそかに寺の若い未亡人夏子（桑野みゆき）に思いを寄せている。安五郎は未亡人への思慕と献身から人助けをして男をあげようとするが、あげくに失明してしまう。おかしくも哀しい、哀しくもおかしい物語である」（参考文献㊲）。

この安五郎の繰り広げる「バカ騒ぎ」ぶりが秀逸におかしく、そして最後に哀しい。彼が町の工場のストライキ騒ぎに一役買い、組合側の賃上げ要求をついに会社側に認めさせる結果となったエピソードは、映画史に残る名シーンとして忘れられない。勝利した組合員に囲まれて、この「英雄」は彼らが歓喜して歌う労働歌にはついて行けず、突如「ヤールと思えーばドコマーデーやるさ」とあの名歌「人生劇場」（古賀政男氏の作曲）を、うなるように口ずさむ。すると組合員がすかさずそれに乗り、一斉に「人生劇場」を唱和する。この赤旗を振る労働組合員が、安五郎と一緒に「人生劇場」を熱唱するシーン。その違和感がなんとも珍妙で、しかし観客は十分納得して笑いころげる。こんなシーンを発想される山田監督の才能は、他の監督にはない一種「喜劇」の天才を思わせ、私は脱帽させられたことを告白する。

エピソードはおかしさだけではない。ラストシーンで観客は失明した安五郎のそのあまりに不憫な姿に胸を突かれ、笑いころげていた自分の迂闊を思い知らされる。意中の未亡人夏子が、自分の再婚先が決まって、盲目の「ヤッさん」にそれまでの感謝と惜別の言葉を告げるシーンだ。じっとうなだれ、黙って聞く安五郎の胸中を察し、観客は涙を禁じ得ない。この時夏子の眼から一筋の涙が流れ落ちていたことも、安さんは見えていない。

その気の毒な失明も、元はと言えば、彼が村の娘を救った勇敢な「侠気《きょうき》（男気）」の結果の不幸だ。ダイナマイトを持った脱獄囚が、村の有力者の娘を人質にとった。警察も消防団の男たちも、恐怖でおののき手が出せない。安五郎ただ一人が敢然と持ち前の義侠心で立ち向かう。娘の救出には成功し、人々は歓喜、喝采した。しかしダイナマイトの直撃を食らった安五郎は失明した。

ここに来てこの喜劇で、監督が描こうとしたものは何か、観客は考えさせられる。人間にとって一番美しいもの、尊いものは何か。それは「馬鹿」ではない普通の人間がとっくの昔に忘れ去ったものだ。馬鹿でダメ人間の安五郎だけがそのことを知っていた。安五郎を「バカ男」と冷笑、軽蔑し、そのくせ彼の親切心や勇気にはちゃっかり便乗する、世の多くの人間の、良識や分別の持つ偽善、狡猾に対する痛烈な風刺がここにある、と私は思った。

この作品の魅力の二つ目について最後に一言。それは安五郎を演じた男優ハナ肇氏の、個性、人柄の魅力である。私はこの人の登場する作品（喜劇）のすべてが好きだ。ギョロッとした大きな眼の怖そうな容貌。一転して相好を崩した時のあのバカ笑いの大きな口と白い歯。素朴で正直、そして人間味まる出しの飾らぬ人柄。私は氏のその個性にたまらぬ親近感、愛着を覚える。

ちなみに『男はつらいよ』の主人公「寅さん」を演じる渥美清氏。氏は芸達者で巧い役者さんだとは思う。しかしハナ氏に感じる素朴な人柄や個性の魅力は感じない。それが山田作品に対する私の好悪に影響していることは隠さない。ハナ肇氏演ずる作品の方が私にはずっと親しみが持て愉快、つまり好きなのである。

⑬『極道《ごくどう》』（一九六八年、東映作品）

監督は山下耕作氏（一九三〇～九八年）。

主な出演者……若山富三郎　待田京介　清川虹子　大木実

〈一言〉——

成人してから、東映のヤクザ映画にも随分お世話になった。加藤泰《たい》監督、深作欣二《ふかさくきんじ》監督などの名匠の名が即座に想い浮かぶ。またそれらの監督の名作——加藤氏は『緋牡丹博徒』シリーズの三部作「花札勝負」「お竜参上」「お命戴きます」、深作氏は『仁義なき戦い』シリーズ――が脳裏を去来する。

しかし一人選ぶとなれば、この山下監督が私にとって一番印象深い。ご存知の方も多いかと思うが、山下氏には多くのファンが認める二大傑作がある。時代劇の『関の弥太ッぺ』（一九六三年）と、ヤクザ映画の『博奕打《ばくち》ち・総長賭博《とばく》』（一九六八年）である。

しかし私の場合、それらの作品は確かに面白く退屈しなかったが、何故か影が薄い。私が若い頃、最も衝撃を受け今も忘れられない作品と言えば、この『極道』（シリーズ物で全十一作、氏はそのうち七作を監督）以外にない。

ただ残念なことは、この作品は専門家の解説書などで取り上げられることはまずない。そういう意味では氏の作品系列の中ではそれほど目立たぬ地味な一本、今や「忘れられた」作品なのかも知れない。

忘れられたと言うのも実はこの傑作は今日まで半世紀の間、ついぞ一度も再上映された形跡がない。そのことも私は不満、残念である。そのためここでの紹介も当時（二十代）の私自身の記憶や感動が唯一の頼りとなる。若干の心許《もと》なさがあることをお断りしておく。

さてこの『極道』の魅力は二点あると思う。一は従来のヤクザ映画にはなかった斬新な視点である。二は主人公を演じた若山富三郎氏が、一躍、後の大スターに飛躍、出世された記念碑的作品となったこと。つまり若山氏の俳優としての天分の開花、爆発、その魅力である。山高帽と黒のダボシャツ姿。不敵な眼光と容貌のど迫力。今も忘れられない。

ここでは前者、この映画の斬新な視点、発想に絞って一言する。周知のように経済界（＝実業界）においては、巨大企業の支配・横暴に泣かされる弱小零細企業の悲劇は跡を絶たない。実はそれと同じ関係・構図がヤクザの世界にもあった。この映画はそこに終始一貫して足場を置く。その着眼点が何より新鮮で、従来のヤクザ映画と一線を画する面白さや迫力、エネルギーが満ちあふれている。

釜ヶ崎を根城にする極道、島村清吉（若山富三郎）は、乾分《こぶん》と言っても二、三人しかいない、今売り出し中の小さい一家の親分。親分と言うより闘志満々の突撃隊長のような男だ。お解りであろう。先の構図で言えば、巨大企業の支配する市場に、すぐれた技術力と新製品をひっさげて進出を図る新興零細企業の壮図、心意気を思わせる、そんな島村親分である。

ちなみにヤクザ世界で物を言うのは製品の優秀性ではない。単純に腕っぷしと度胸、つまり喧嘩の強さである。島村は大阪の縄張りを拡張して一家の名を揚げるため、持ち前のクソ度胸と腕っぷしの強さ、そして烈しい闘志で猪突猛進する。

当然、既成の「組」関係者（＝「大企業」）にとっては目障《ざわ》り、脅威と映る。自分たちの縄張りを荒らす商売仇は、芽の小さいうちにたたきつぶすに限る。かくて彼ら「大企業」組による、新興島村一家への容赦のない卑劣で残忍な攻撃（襲撃）が始まる。ヤクザ映画ならではの凄絶な喧嘩、暴力による死闘がスクリーンに何度も映し出される。

しかし島村清吉は、少数精鋭の乾分《こぶん》（眼光鋭い待田京介氏の名脇役が光る）と共に戦い、決して屈しない。いや相手をたたきつぶして勝利することもしばしばだ。二つの教訓が垣間見える。

数の上で圧倒的に劣勢――組の支援など持たぬ一匹狼――な島村の捨て身の烈しい喧嘩に、相手の「大企業」組員はタジタジとなる。そこには組の掟（方針）に縛られ、いつの間にか身についた組織の一員としての保身本能、つまり一種の怯《ひる》み、小心がある。これが、そのような後ろ楯を全く持たぬ、また失うものが何一つない「小企業」一家の、恐いもの知らずの猛攻、激しいバイオレンス（暴力、武闘）を可能にし、相手のそれを圧倒した。

そしてもう一つ、島村の激しい闘志を支える彼なりの信念、誇りがあったことも無視できない。弱きを助け、強きをくじく！　この任侠道の正道を行くという彼の自負が、相手の組員にはない強さであった。そのことも注目に値する。

いずれにしてもヤクザの世界では、零細な中小企業が大企業に一泡吹かせ、時にタタキつぶすことも可能なのだ。ここにこの映画が喝采を博する理由がある。現実の中小企業の悲哀を知る私たち観客の溜飲が下がる、一種のカタルシスの快感があるのだ。

しかし、映画は現実の厳しさを描くことも忘れない。島村親分らの勝利は永くは続かない。最後には大きな「組」の資金と権力（政治家や警察との癒着関係）が物を言い、島村親分は逮捕され、刑務所に入れられる。しかし刑期を終えて出所した彼は捲土重来《けんどじゅうらい》、屈することなく再び、「大企業」の理不尽な横暴に敢然と戦いを挑む。「小企業」の敗北を拒否して徹底的に戦う彼の反逆精神は、実に旺盛で頼もしい。まさに極道の魅力である。

⑭『わたしのグランパ』（二〇〇三年、「私のグランパ」製作委員会）

監督は今（二〇一七年）もお元気な東陽一《ひがしよういち》氏（一九三四年～）。

主な出演者……菅原文太　石原さとみ　平田満　宮崎美子　伊武雅刀

〈一言〉――

この章で紹介する最後の名匠となった。この東陽一氏の名前を覚えたのも、実は生涯の晩年、つい最近のことで、先の名匠鈴木英夫氏の場合とその経緯はよく似ている。

東氏の作品では『サード』（一九七八年）だけはかつて見た記憶があった。しかしその監督名を覚えるまでには、感動はしなかった。ところが本年初頭（二〇一七年一月）、例によってシネ・ヌーヴォの特集企画（参考文献㊳）のお蔭で、私は初めてこの東監督の代表作の多くを見る機会を得た。ここにもまた私のそれまで知らなかった素晴らしい名匠が一人おられた。と、私はその出会いの感激の裏でひそかに自分の無知や時代遅れを恥じた。

氏の作品群は実に広汎な分野にわたり、しかも傑作が多い。〈一言〉ではとても紹介し尽くせぬ魅力にあふれている。そのためその概略の点描に止め、好きな一本も表題の『わたしのグランパ』に代表させてもらった。

まず衝撃を受けたのは、氏は女性のヌード（裸体）の美しさをその作品群の中で繰り返し撮《と》られている、その旺盛なサービス精神に感銘を受けた。『ラブレター』（一九八一年）の関根恵子氏、『マノン』（同年）の烏丸せつこ氏、『化身』（一九八六年）の黒木瞳氏など、二十代を思わせる美しく若い女性のヌード（全裸像）が惜し気もなくスクリーンに映し出され、それだけでも私は生きる歓び、活力を貰ったと嬉しくなった。このヌードの美しさや迫力は、小著〈上巻〉で紹介した名匠増村保造氏の比ではなくそれを超えていると思った。

2003年公開「わたしのグランパ」©「わたしのグランパ」製作委員会（提供：テレビ朝日）

東氏はヌードだけの監督ではもちろんない。『橋のない川』（一九九二年）という社会派作品、さらに私が大好きな一本に選んだこの『わたしのグランパ』など、数々の受賞に輝く名作（傑作）を発表されている。しかし、鈴木監督の場合と同様に、私の手許の解説書（参考文献①・③）には、氏の芳名や作品名は全く登場しない（論者の世代の旧《ふる》さも一因か）。その愚痴は措いて、表題に揚げた『わたしのグランパ』について一言触れたい。

中学一年生の少女（石原さとみ）の家に、十三年間の刑務所暮らしを終えた祖父（菅原文太）がある日、帰って来た。彼はかつて親友を殺された仇討ちにヤクザ二人を殺害した武勇伝を持つ男だ。この周囲が敬遠する祖父と、物怖じせぬ孫娘（中学生）との交流を、映画はほのぼのとしたタッチで描く。異色のホームドラマと言いたいところだが、孫娘の通う中学校の非行問題や、祖父の過去を知るヤクザが絡んで来たりして、一種社会派サスペンス・ドラマの趣をも併せ持つ秀作だ。

魅力は祖父を演じた菅原文太氏（久々の映画主演らしい）の圧巻の貫禄と余裕、そして最期に見せる人生終焉《しゅうえん》のその見事な潔《いさぎよ》さだと、私は瞠目した。

菅原氏はかつて広能昌三の役（『仁義なき戦い』）などで、東映ヤクザ映画の看板スターとして一世を風靡《ふうび》された俳優さんだ。私もその一人のファンであっただけに、この映画の氏の枯れて円熟した祖父役に、何とも言えぬ郷愁を覚え、それだけでも愉しかった。

東監督は、このような元ヤクザ映画の大物スターを起用しても、きちんとホームドラマの枠内に、その居場所を設定されている。その手慣れた演出の手腕に、氏の天分の並々ならぬ大きさを実感した。私の映画生涯の最後に、このような名匠に出会えた幸運、仕合わせに、私は感謝せずにはいられない。

（完）

参考文献

①『日本映画一〇〇選』　南部僑一郎・佐藤忠男共著　秋田書店
②『日本映画名作全史・戦前編』　猪俣勝人著　教養文庫
③『日本映画名作全史・戦後編』　猪俣勝人著　教養文庫
④『世界映画一〇〇選』　佐藤忠男著　秋田書店
⑤『世界映画名作全史・戦前編』　猪俣勝人著　教養文庫
⑥『映画監督・増村保造の世界㊤』　増村保造著、藤井浩明監修　ワイズ出版
⑦『小津安二郎映畫讀本』　生誕90年フェア事務局編　フィルムアート社
⑧『小津安二郎の芸術』　佐藤忠男著　朝日新聞社
⑨『小津安二郎集成』　キネマ旬報社
⑩『小津安二郎集成Ⅱ』　キネマ旬報社
⑪『小津安二郎新発見』　松竹編　講談社
⑫『大船日記——小津安二郎先生の思い出』　笠智衆著　扶桑社
⑬『女優岡田茉莉子』　岡田茉莉子著　文藝春秋
⑭『陽のあたる家』　井上和男編・著　フィルムアート社

⑮『チボー家の人々』（五巻）ロジェ・マルタン・デュ・ガール著　山内義雄訳　白水社
⑯『家族という病』下重暁子著　幻冬舎新書
⑰「小津安二郎監督・戦後傑作選」シネ・ヌーヴォ編　上映プログラム
⑱「銀幕デビューから八十年・女優原節子のすべて」シネ・ヌーヴォ編　上映プログラム
⑲『溝口健二の人と芸術』依田義賢著　田畑書店
⑳『溝口健二の世界』佐藤忠雄著　筑摩書房
㉑『溝口健二というおのこ』津村秀夫著　芳賀書店
㉒『ある映画監督——溝口健二と日本映画』新藤兼人著　岩波新書
㉓『ある映画監督の生涯——溝口健二の記録』新藤兼人著　映人社
㉔『映畫読本・溝口健二』佐相勉・西田宣善編　フィルムアート社
㉕『溝口健二集成』キネマ旬報社
㉖『日本の文学3・森鷗外（二）』中央公論社
㉗『地獄の思想』梅原猛著　中公新書
㉘「溝口健二レトロスペクティブ——没後五十周年特別企画」シネ・ヌーヴォ編　上映プログラム
㉙「追悼特集・女優山田五十鈴」シネ・ヌーヴォ編　上映プログラム

㉚『日本映画人名辞典――監督篇』 キネマ旬報社
㉛「巨匠・今井正の世界」 シネ・ヌーヴォ編 上映プログラム
㉜「生誕101年・小林正樹映画祭――反骨の美学」 シネ・ヌーヴォ編 上映プログラム
㉝「追悼 映画監督・野村芳太郎――さらば、映画のコンダクター」 シネ・ヌーヴォ編 上映プログラム
㉞「黒澤明映画祭――『七人の侍』誕生六十周年記念」 シネ・ヌーヴォ編 上映プログラム
㉟「浦山桐郎の全貌――没後30年記念」 シネ・ヌーヴォ編 上映プログラム
㊱「生誕百年、映画監督・鈴木英夫の全貌」 シネ・ヌーヴォ編 上映プログラム
㊲『山田洋次の世界』 吉村英夫著 シネ・フロント社
㊳「東陽一・映画祭」 シネ・ヌーヴォ編 上映プログラム

（完）

あとがき

素人の映画ファンが、生涯の「感動」について思いの丈を綴る。その悲願を何とか達成でき、私は正直安堵と自足の思いでいっぱいです。

思えばこの三年間、一日たりとも飽《あ》きることなくその執筆活動を継続できたことに、私は無上の幸《しあわ》せを感じます。そこには私自身の「映画好き」、「感動好き」という特性があったことは言うまでもありません。

そこで最後に、この場を借りて私自身のその「感動好き」の偏奇性について一言告白することで、お別れの挨拶に代えさせていただこうと思います。

実は私は、厳しい真実よりも愉しい嘘《うそ》が好きな人間でありました。より正確に言えば、現実の真実よりも、それらを題材にして描いた虚構《フィクション》の世界（映画や小説）の方に、限りない魅力や感動を見出す人間でありました。その原因についてこの場で詮索するつもりはありません。ただ一点指摘すれば、私の心を打つ感動の対象が、現実の世界よりも、映画や小説といった架空の世界の物語やドラマ、つまり虚構の世界の方にはるかに多かった。そのことだけは言えるかと思います。

しかし念のために言えば、現実を無視したり、あるいは現実に背を向けたりして生きる、そんな仙人や世捨て人のような生き方が私にできるはずはありません。人並みに現実に揉《も》まれ、その中で苦労し努力して生きて来たごく普通の人間の生き方と、私の場合も変わりません。

にも拘らず、私を魅了し、私の心を打つ感動は、現実世界にあまりに少なく、虚構世界の方にはるかに多かった。この点が多くの人々と異なる私の特徴（偏奇性）であったかと思います。

その私のどうしようもない資質、性癖を、かつて一時期呪《のろ》ったこともありました。自分は現実に愛着を持てぬ、根っからの変わり者、異常人間ではないかと。しかし加齢とともに、私はそんな自分を今さら変え様がないと観念し、むしろそれが自分の個性なのだから仕方がない。それで押し通したらいいではないかと、一種開き直りの境地に達しました。

すると不思議なもので、それまで気付かなかった私のその特異な資質や性癖のプラス面が見えて来たのです。無類の映画好きになったお蔭で、生涯の生きる歓《よろこ》びや心の支えを映画（や小説などの虚構）から得られたではないか。四人の名匠に代表される偉大な監督、つまり人生の恩師に出会えたではないか。さらにこのような一書を物する幸せに恵まれたではないか。これらすべての恩恵は私の「ホントのことよりウソに惹かれ感動する」、私自身の特異な資質の賜物ではなかったかと。

もちろん、開き直ったとはいえ、私は自分のこの特異性、偏奇性を自負する気持ちは毛頭ありません。そのようにしか生きられなかった一人の人間がいた。そのことを知っていただきたかったのです。これが生涯の映画ファン、私の正体でありました。〈あとがき〉には異例の弁明・告白の一文となりました。ご寛恕《かんじょ》を乞う次第です。

最後に、文芸社のスタッフの皆様方に改めてお礼を申し上げます。思えばこれまでの退職後の十五年間、この小著（上下二巻）を含め、七冊もの自費出版（既刊五冊）のお世話になりました。退職後の人生の余生を、皆様のご協力を得て、このようなライフワークの執筆に専念できたこと、その充実の日々の幸せを、心より感謝します。本当に有り難うございました。

二〇一七年十一月

奥井元生

※各映画作品の時代背景に基づき、現在では差別語とされる表現も便宜上用いた部分があります。本書の性格上、ご理解を賜りたく編集注といたします。

著者プロフィール

奥井 元生（おくい もとお）

1943（昭和18）年大阪府生まれ
1966（昭和41）年大阪大学文学部社会学科卒業
2003（平成15）年大阪府立高校教員を退職
大阪府豊中市在住

著書
『感動ゼロの歴史教科書を活性化する―お世話になった名著100選〈古代・中世編〉』（文芸社、2006年11月）
『感動ゼロの歴史教科書を活性化する―お世話になった名著100選〈戦国・近世編〉〈上〉』（文芸社、2009年10月）
『感動ゼロの歴史教科書を活性化する―お世話になった名著100選〈戦国・近世編〉〈下〉』（文芸社、2010年７月）
『感動ゼロの歴史教科書を活性化する―お世話になった名著100選〈近代編〉』（文芸社、2012年６月）
『感動ゼロの歴史教科書を活性化する―お世話になった名著100選〈現代編〉』（文芸社、2014年８月）
『私の愛した日本映画 四人の名匠〈上巻〉増村保造監督 成瀬巳喜男監督』（文芸社、2017年６月）

私の愛した日本映画 四人の名匠〈下巻〉
小津安二郎 監督 溝口健二 監督

2018年２月15日 初版第１刷発行

著 者 奥井 元生
発行者 瓜谷 綱延
発行所 株式会社文芸社
〒160-0022 東京都新宿区新宿1－10－1
電話 03-5369-3060（代表）
03-5369-2299（販売）

印刷所 株式会社フクイン

ISBN978-4-286-19070-9